weiß wohnen

Individuell Einrichten mit hellen Tönen

weiß wohnen

Individuell Einrichten mit hellen Tönen

Gail Abbott

Fotos von Mark Scott

Lifestyle
BUSSE
SEEWALD

Für meine Mutter

Die Originalausgabe erschien 2009 unter dem Titel „Living with white. Decorating with shades of white, texture, and accents of colour" bei CICO Books, einem Imprint von Ryland Peters & Small Ltd.

20–21 Jockey's Fields	519 Broadway, 5th Floor
London WC1R 4BW	New York, NY 10012

Umschlaggestaltung: Christine Wood

Übersetzung: Wiebke Krabbe
Redaktion und Produktmanagement der deutschen Ausgabe: Monika Römer

ISBN 978-3-7724-7320-3

Printed in China

Inhalt

Vorwort

Weiß ist aus gutem Grund eine der beliebtesten Einrichtungsfarben unserer Zeit. Seine Ausstrahlung ist klar, ruhig, frisch und sauber, darum gibt es für jeden Wohnstil einen stimmigen Hintergrund ab. Reines Weiß eignet sich bestens, um dunkle Räume größer und freundlicher wirken zu lassen, aber es ist auch die ideale Farbe für Interieurs mit einer modernen, geradlinig-sachlichen Einrichtung. Dunkle Holzböden, weiß gestrichene Möbel, naturfarbenes Reet oder altes, silbrig schimmerndes Teakholz – solche Elemente passen hervorragend zu Weiß und können selbst durchschnittlichen Räumen viel Charakter geben. Aus sonnigen Urlaubsländern wissen wir, wie herrlich kräftige Farben neben Weiß strahlen. Streicht man in einem weißen Zimmer eine Wand in einer intensiven Farbe, fühlt man sich fast wie unter südlichem Himmel.

Wenn die Natur Hand anlegt, präsentiert sich Weiß in gebrochenen Nuancen mit ganz verschiedenen Texturen: eine verputzte Gartenmauer, ein griffiges Leinengewebe oder ein geschwungener Ast, der als Treppengeländer dient. Solche Details kombinieren moderne Designer gern mit hellem, poliertem Beton.

Dieses Buch präsentiert eine Auswahl ganz verschiedener Häuser, deren besonderer Charakter auf der Farbe Weiß beruht. Das geometrische Strandhaus an der Küste Floridas ist eine moderne Fantasie in Glas und Beton. Die Räume in einer umgebauten Weinkellerei auf der Insel Santorin bleiben dank ihrer winzigen Fenster kühl und wirken – ganz in Weiß – dennoch wunderbar hell. Vom außergewöhnlichen Farmhaus in Südafrika bis zum hypermodernen Appartement in einem Hochhaus in Miami zeigt dieses Buch die Arbeiten von Architekten und Designern, die sich dank des durchdachten Einsatzes moderner und traditioneller Materialien wie Beton, Lehm, Stahl und Verputz überzeugend in ihre Umgebung eingliedern. In heißen Ländern, wo man viel Zeit im Freien verbringt, sind weißer Verputz und sonnengebleichtes Hartholz die idealen Materialien für Schwimmbecken, Sonnendecks, Terrassen und Stützwände. Lassen Sie sich von der Vielfalt der Stile und Materialien bei der zeitgemäßen und individuellen Gestaltung Ihrer eigenen Räume inspirieren.

Kapitel eins

Kykladen-Weiß

Angenehm kühl

Inselbewohner müssen sich seit jeher in besonderem Maße den Bedingungen ihres Lebensraums anpassen. Die Menschen, die auf den griechischen Kykladen leben, haben es dabei hauptsächlich mit zwei Faktoren zu tun: der sengenden Mittagshitze im Hochsommer und dem kräftigen, heißen Wind, „meltemi" genannt, der im August vom Ägäischen Meer her weht. Traditionell werden die Häuser dort so gebaut, dass sie Schutz vor dem Wind bieten und die Räume im Inneren angenehm kühl bleiben. Aus diesem Grund stehen die Häuser in den Dörfern oft dicht beisammen und sind von hohen, blendend weißen Mauern umgeben.

links: Vor den weiß gekalkten Mauern heben sich die leuchtend roten Blüten der Bougainvillea, die hier allenthalben wächst, leuchtend ab. Die Türen sind blau gestrichen, weil diese Farbe dem Volksglauben zufolge böse Geister vertreibt. Das kühle Blau bildet einen herrlichen Kontrast zum Weiß.

rechts: Ein typisches Bild von der Kykladeninsel Santorin – eine schattige Dorfgasse zwischen blütenweißen Mauern, die mit dem strahlenden Blau des Himmels kontrastieren.

Wenn die Sonne sinkt und es allmählich kühler wird, kann man in der Ortschaft Fira auf Santorin auf der Terrasse Platz nehmen und den Blick auf das Meer genießen. Die Sonnenuntergänge sind herrlich, und es ist kein Zufall, dass hier so viele Terrassen nach Westen ausgerichtet sind. Es ist einfach reizvoll, dem feuerroten Ball zuzuschauen, wenn er im Meer versinkt. Fira besteht ausschließlich aus weißen Häusern und Kirchen mit blauen Kuppeln. Die klassischen Farben der griechischen Inseln wirken besonders schön, wenn die Dämmerung fällt. Dann reflektieren die weiß verputzten Mauern der Häuser, die sich am Berg zusammenkauern, das letzte Tageslicht und beginnen geheimnisvoll zu leuchten.

links: Auf der offenen Terrasse wäre es um die Mittagszeit viel zu heiß, aber am Abend ist es sehr angenehm, hier zu sitzen. Die weißen Platten, die in den Bodenbelag aus grauen Kieseln eingelegt sind, reflektieren das schwindende Licht.

rechts: Weiß gestrichene Spaliere spenden Schatten für die Bank mit Polsterbezügen aus weißem Segeltuch. Üppige Pflanzen steuern natürliche Farben und Texturen bei. Das grafische Muster der schwarz-weißen Kissen gibt der traditionellen Sitzgruppe mit Lattenstühlen und Marmortisch eine modernere Note.

Unter freiem Himmel

Zu den besonderen Freuden des Lebens im Süden gehören rund ums Jahr die geruhsamen Mahlzeiten unter freiem Himmel. Auf den griechischen Inseln kann man während der Wintermonate den ganzen Tag über draußen sitzen. Aber wenn im Sommer die Sonne hoch steht, geht es nicht ohne einen Schattenspender – am besten aus weißem Segeltuch. Für den kleinen Hof, der hinter einer weiß verputzten Mauer liegt, genügt ein großer Sonnenschirm. Hier kann man es sich in klassischen weißen Liegestühlen bei einer leichten Mahlzeit gut gehen lassen, bis die größte Mittagshitze vorüber ist.

links: Pelargonien, besser bekannt als Geranien, gedeihen in der Sommerhitze Griechenlands gut. In Kübeln aller Art und Größe blühen sie überall an den Hauseingängen und auf den Terrassen. Diese rosa blühende Sorte in dem riesigen Terrakottakübel ist ein zauberhafter Blickfang vor der hellen Wand.

rechts: Die hohe Natursteinmauer ist nur teilweise mit dem inseltypischen Verputz namens „ patito" überzogen. Helle, glatte Kiesel in verschiedenen Grau- und Weißtönen bilden den Bodenbelag des geschützten Hofes.

links: Eine Reihe von traditionellen Häusern auf den Mittelmeerinseln hat heute Besitzer, die auf dem europäischen Festland leben. Manche haben ihre Ferienhäuser ausgesprochen originell gestaltet. Es kann vorkommen, dass man in einem abgelegenen Inseldorf um eine Ecke biegt und von Wänden in kontrastreichem Pink und Gelb überrascht wird, die eine Tür im traditionellen Blau ganz anders wirken lassen.

rechts: Viele der Straßen auf den felsigen Inseln sind steil und verwinkelt. Treppensteigen ist eine tägliche Übung. Weil manche der schmalen, steilen Gassen mit dem Auto gar nicht zu befahren sind, transportieren die Einheimischen Baumaterialien bis heute mit dem Esel. Die Fronten der unregelmäßigen Stufen sind weiß gestrichen, damit weder Mensch noch Tier stolpern.

Maurische Einflüsse

Seit sich die griechische Insel Santorin zu einem beliebten Reiseziel gemausert hat, wurden viele der traditionellen Häuser in den Dörfern und den beiden größeren Ortschaften zu luxuriösen Ferienhäusern umgebaut. Die Villa Io in Megalachori zum Beispiel gehörte einmal einem einfachen Handwerker. Heute nimmt ein nagelneuer Swimmingpool fast die ganze Fläche des Hofes hinter den hohen verputzten Wänden in Dunkelrosa ein.

Seit in den 1970er-Jahren ein internationaler Flughafen auf Santorin eröffnet wurde, sind Tausende von Urlaubern aus Europa und Übersee

unten: Die duftigen Vorhänge am Himmel der Liege bauschen sich beim kleinsten Windhauch. Ihre Zipfel sind verknotet und um das Liegengestell geschlungen. So spenden sie Schatten, ohne den Blick auf den Pool zu versperren.

unten: Wenn später am Tag der Pool teilweise im Schatten liegt, leuchtet die weiße Liege besonders einladend. Die Mauer ist so hoch, dass selbst zur Mittagszeit ein Teil des Hofes im Schatten liegt. So kommen Sonnenhungrige und Schattenfreunde gleichermaßen auf ihre Kosten.

auf die Insel geströmt. Mit ihnen gelangten auch moderne Stil- und Gestaltungselemente auf diese einst so abgelegene Insel. Das warme Rosa der Wände spielt auf den traditionell marokkanischen Stil an, der inzwischen in aller Welt – von Südafrika über Kalifornien bis Australien – Liebhaber gefunden hat und vor allem im grellen Licht des Mittelmeerraums perfekt zur Geltung kommt. Diese Farbe bildet einen schönen Hintergrund für den romantischen Himmel aus weißem Musselin über der bequemen Ruheliege, auf der man sich nach einem Bad im Pool behaglich ausstrecken und von Tausendundeiner Nacht träumen kann.

Traditionelles Weiß

Wer um die Mittagszeit ein schattiges Plätzchen zum Entspannen sucht, muss sich normalerweise ins Haus zurückziehen. Die traditionellen Häuser der Inseln sind so gebaut, dass es im Inneren auch ohne Klimaanlage und Deckenventilator kühl bleibt. Dicke, weiße Wände, helle Fußböden und winzige Fenster sorgen seit jeher dafür, dass in den Häusern rund ums Jahr eine gleichmäßige, angenehme Temperatur herrscht. Diese Bauweise, die nichts dem Zufall überlässt, hat sich seit der Antike nicht nennenswert verändert. Kein Detail wird dem Zufall überlassen oder dient ausschließlich dekorativen Zwecken. Alles ist darauf ausgerichtet, den Elementen zu trotzen. Auch die Villa Io hat beiderseits der wuchtigen Holztür die hier üblichen kleine Fenster, die vor Hitze und Zugluft durch den kräftigen Wind schützen. Die Räume sind klein, aber ihre weißen Wände reflektieren das wenige Licht, das durch die Fenster und Türen fällt, und lassen sie dadurch geräumig und freundlich wirken.

links: Die Außentreppe, die zu einem Lagerraum führt, ist mit ortstypischem „patitio“ verputzt. Das warme Rosa bildet einen schönen Kontrast zu dem reinen Weiß der Innenräume.

rechts: Beim Umbau des traditionellen Inselhauses zu einer behaglichen Ferienwohnung blieben alle Elemente, die für angenehme Kühle sorgen, erhalten. Polsterbezüge aus weißem Leinen, weiß verputzte Wände und schlichte Möbel schaffen eine friedliche, ruhige Atmosphäre.

Elementargewalten

Die Insel Santorin war vor etwa 3600 Jahren Schauplatz einer der gewaltigsten Vulkanausbrüche, die die Welt bisher erlebt hat. Der auf den Ausbruch folgende Tsunami soll für den Untergang der minoischen Kultur auf der 100 Kilometer entfernten Insel Kreta verantwortlich gewesen sein. So erklärt sich, dass Santorin größtenteils aus vulkanischer Lava besteht. Die Einheimischen haben von alters her Höhlenwohnungen in dem weichen Gestein gebaut, indem sie die vordere Öffnung mit einer Wand zugemauert und mit Tür und Fenstern ausgestattet haben. Manche dieser Höhlenwohnungen, deren Wände und Deckengewölbe mit weißem Verputz überzogen sind, werden bis heute genutzt. Sie erinnern an kleine Kirchen. Bauholz ist auf der Vulkaninsel nach wie vor ein kostbarer Luxus, darum wird für die Konstruktion moderner Häuser an die alte Bautradition angeknüpft und Natursteine und ein Art Zement verwendet, der aus Vulkanasche und Wasser hergestellt wird. Die gewölbten Decken werden aus Beton über einem Drahtgeflecht gefertigt.

links: Die meisten Fußböden überzieht ein unregelmäßiges Zickzackmuster feiner Risse und erzählt davon, dass leichte Erdbeben hier keine Seltenheit sind. Wände und Böden sind glatt und schmucklos, auch die Möblierung ist meist sparsam und schlicht. Die weißen Segeltuchbezüge der Sofas lassen sich zum Waschen problemlos abnehmen. Als Farbtupfer genügen die beiden Kissen in einem frischen Grün.

oben: Die interessante Deckenleuchte ist aus den Reben gemacht, die den berühmten Wein von Santorin hervorbringen. Weil es im Sommer auf der Insel so windig ist, erziehen die Winzer ihre Rebstöcke zu niedrigen, korbförmigen Ringen. Die Trauben reifen gut geschützt im Inneren. Dieser uralte, knorrige Rebenkranz wurde mit einer metallisch glänzenden Blättergirlande umwickelt, mit dezenten Halogenstrahlern bestückt und mit Ketten unter die weiße Decke gehängt.

Viele der traditionellen Häuser auf den ägäischen Inseln wurden zu Feriendomizilen umgebaut und in zeitgemäßem Stil ausgestattet. Dadurch sind die typischen Möbel der Region etwas aus der Mode gekommen. Der Besitzer dieses Hauses, der auf der Insel aufgewachsen ist, wollte der Tradition allerdings treu bleiben und hat die Räume mit griechischen Antiquitäten und einigen originellen, recycelten Stücken ausgestattet. Überall im Haus sieht man alte Möbel und Utensilien aus Holz, die auf originelle Weise zweckentfremdet wurden. Eine alte Tür wurde zur Tischplatte, ein antiker Fenstergriff dient als Handtuchhaken, und im luftigen, weiß verputzten Esszimmer bilden authentische, alte Stühle eine einladende Gruppe um den großen Tisch. Traditionelle Details sorgen dafür, dass die Küche angenehm kühl ist: kleine Fenster mit Fensterläden, eine schwere Holztür und darüber ein hohes Fenster zum Lüften.

links: Die Küche ist zwar mit modernen Geräten ausgestattet, aber zur „Klimatisierung" wird auf die altbewährten Methoden gesetzt. Dank der hohen weißen Decke kann die Kochhitze nach oben aufsteigen.

ganz rechts: Der antike Tisch und die Stühle aus dunklem Holz wirken ehrwürdig und solide und bilden gleichzeitig einen spannenden Kontrast zu den weißen Wänden, den Gewölbedecken und dem abgebeizten Spiegelrahmen.

rechts: Der Spritzschutz über der Arbeitsfläche hat den gleichen Terrakottaton wie die Schranktüren darunter. Eine alte Stuhllehne macht sich als Utensilien-Halter nützlich.

Stilles Refugium

Aus den Trauben, die auf dem fruchtbaren, vulkanischen Boden der Insel Santorin wachsen, wird seit Jahrhunderten ein guter Wein gekeltert. Viele der alten Weinkellereien oder „kanavas" wurden zu edlen Ferienhäusern für die anspruchsvollen Touristen umgebaut. Eine davon ist die Blue Angel Villa in Fira, der Hauptstadt der Insel.

Die hohe Gewölbedecke verrät, dass die Villa früher als Kellerei genutzt wurde. Die weißen Räume, die ins Gestein der Insel gehauen wurden, haben eine außergewöhnlich kühle und ruhige Ausstrahlung. Als der jetzige Besitzer, der in Athen arbeitet, den sanierungsbedürftigen Bau aus dem 18. Jahrhundert kaufte, war der Kellereibetrieb längst geschlossen. Um die Höhe zu nutzen, wurde eine weiß gestrichene Holzgalerie eingebaut, auf der sich nun der behagliche Schlafbereich befindet. Durch ein neues Rundbogenfenster unter der Deckenwölbung fällt zusätzliches Licht.

links: Das Feriendomizil mit seinen weißen Wänden, Möbeln und Holzelementen und den kühlen handgefertigten Bodenfliesen aus Italien ist eine wunderbar ruhige Abwechslung zum quirligen Großstadtleben. Damit der Raum etwas freundlicher wirkt, wurde am Essplatz neben der Tür ein neues Fenster eingebaut. In seinem ersten Leben hatte die Kellerei überhaupt keine Fenster, stattdessen nur zwei schwere Holztüren, um die Trauben ins Innere zu schaffen.

links: Die schlichten Möbel am Essplatz lassen sich leicht sauber halten. Die Stuhlhussen aus weißem Segeltuch können im Kochwaschgang gewaschen und in der Sonne gebleicht werden. So sehen sie immer makellos aus.

rechts: Den schweren, weiß gestrichenen Tisch hat der Hausbesitzer nach eigenen Vorstellungen von einem Tischler auf Santorin fertigen und auf der Fähre hertransportieren lassen.

Licht und Weiß

Die Blue Angel Villa ist eine traditionelle Höhlenwohnung, die in das vulkanische Gestein gehauen wurde. Ursprünglich war sie düster, weil kein Tageslicht ins Innere fiel. Erst der gut durchdachte Umbau machte aus dem gewerblich genutzten Bau eine zeitgemäße Ferienwohnung mit ruhigem, freundlichem Ambiente.

Um Tageslicht ins Innere zu holen, wurden neue Fenster und Türen in die vordere Wand eingebaut. Im Inneren sind fast alle Elemente weiß, damit sie das wenige einfallende Licht reflektieren: Wände, Decke, Möbel und Holzelemente. Die Gestaltung ganz in Weiß ist ein bewährtes Rezept, um Räume größer und heller wirken zu lassen, weil jeder Lichtstrahl durch die Reflexion verdoppelt wird. Und weil das Licht den Charakter jeder Oberfläche betont, wirken die Einrichtungselemente ganz unterschiedlich, obwohl sie alle weiß sind. Für abwechslungsreiche Texturkontraste sorgen hier die hochglänzende Tischplatte, die matten Balken aus rauem Holz und das Segeltuch der Stuhlhussen. Jede der Flächen reflektiert und absorbiert das Licht auf ihre eigene Weise. Diese zeitlose Gestaltung lässt den uralten Raum hell und modern wirken, ohne seine Geschichte zu verleugnen.

Feinfühlige Renovierung

Bei der Renovierung eines alten Gebäudes kann man verschiedene Ansätze wählen. Manche Besitzer lieben es authentisch, erhalten möglichst viele Originaldetails und wählen die Farben und die Ausstattung so, wie das Haus früher einmal ausgesehen haben könnte. Andere gehen radikal vor und geben dem alten Bau ein ganz neues, zeitgemäßes Interieur. Wieder andere reduzieren das Haus auf seine Grundstrukturen und suchen dann mit Sorgfalt und Fingerspitzengefühl originelle und ungewöhnliche Elemente aus, die dazu passen.

Der ortstypische, offene Raum der alten Weinkellerei verträgt sich gut mit der schlichten, modernen Einrichtung. Die Bausubstanz wurde behutsam restauriert, ohne dabei ihre grundlegende Struktur zu verändern. Vor dem Umbau war der Hauptraum nur ein leeres Gewölbe. Weiter hinten lagen zwei völlig dunkle Räume und seitlich ein Gewirr

kleinerer Kammern. Im Grunde blieben alle diese Räume wie der Gesamtgrundriss unverändert, nur in einen der hinteren, dunklen Lagerräume wurde ein Schlafzimmer mit angrenzendem modernem Duschbad eingebaut. Auf der neuen Holzgalerie im vorderen Raum, zu der eine Holztreppe führt, konnte ein Schlafplatz für Gäste geschaffen werden. Durch das Fenster unter der Decke hat man von hier einen hinreißenden Blick auf den mit Meerwasser gefüllten Vulkankrater.

links: Der eigentlich schlichte Schlafbereich auf der Galerie bekommt durch die gefältelte, pastellfarbene Seidendecke und die weißen Musselinvorhänge einen romantischen Charme.

oben rechts: Eckige Fliesen waren für die vielen Rundungen der Dusche nicht geeignet, aber die kleinen, schimmernden Mosaiksteinchen passen sich den Wandkonturen perfekt an.

rechts: Die raffiniert ausgeleuchtete Dusche mit den runden Formelementen und den verputzten Flächen spielt auf die einheimischen Bautraditionen an. Die blütenweißen Fugen bringen die zahlreichen Blautöne des Mosaiks zum Strahlen.

Dass der Umbau der gewerblich genutzten Höhle zum zeitgemäßen Feriendomizil so gut gelang, liegt auch an der geschickten Kombination aus Minimalismus und Luxus. Der weiße Hauptraum mit der hohen Decke ist sparsam eingerichtet. Nur hier und da leuchten Farbakzente in Meergrün und Blau auf, die mit den weltberühmten Farben Santorins korrespondieren: weiße Gebäude, Kirchen mit blauen Kuppeln und türkisblaues Meer, das in der Sonne glitzert. Diese Elemente gaben Impulse für die Gestaltung der Ferienwohnung, die bei aller Schlichtheit und Lässigkeit auch etwas Glamour besitzt. Beim Kombinieren von Alt und

unten links: Über eine neue, weiß gestrichene Holztreppe gelangt man aus dem Wohnbereich auf die Galerie mit dem Schlafplatz. Die Treppe ist ganz einfach als Verbindung zweier Ebenen konstruiert und versucht nicht, mehr darzustellen.

unten: Die Seidenkissen auf den eingebauten Sofabänken greifen die Farbe des Fliesenbodens auf, der sich durch alle Räume erstreckt, und korrespondieren auch mit dem intensiven Blau des Meers.

Neu ist Zurückhaltung ratsam, darum sind die Räume selbst ganz einfach gestaltet. Die weiß verputzten Wände und die schnörkellose Treppe (siehe nächste Seite) lassen etwas vom Charakter des ursprünglichen Baus ahnen. Auf ultramoderne Details und überflüssige Dekorationen wurde verzichtet, stattdessen orientiert sich die klare, übersichtliche Einrichtung am zweckmäßigen Wohnstil, der auf den Kykladen üblich ist. Die Möbel sind niedrig und unauffällig. An den Wänden des großen Wohnraums wurden schlichte Bänke eingebaut, die als Sofas dienen und bei Bedarf auch als zusätzliche Schlafplätze genutzt werden können.

unten: Das hohe Deckengewölbe der Höhle, die aus dem vulkanischen Gestein gehauen wurde, ist an der Rückwand des Wohnbereichs gut zu erkennen. Durch den weißen Verputz wird die elegante Rundung noch betont. Die Besitzer haben drei Fenster in die Wand einbauen lassen, um etwas Tageslicht ins dahinter liegende Schlafzimmer zu holen.

Weiße Bögen

Gut versteckt vor den Augen von Passanten liegt in einem malerischen Inseldorf hinter hohen Mauern eine andere Weinkellerei aus dem Jahr 1856. Sie wurde mit viel Fingerspitzengefühl in eine moderne, offene Wohnung umgebaut. Die „kanava" gehörte einmal der Familie Gavalas, die noch immer in dem Dorf lebt und Wein keltert.

Das niedrige Haus ist nicht in den Berg gehauen, sondern aus einheimischem Stein gebaut. Wie alle traditionellen Häuser ist es aber an heißen Augusttagen ebenso kühl wie eine Höhlenwohnung. Die weiße Gewölbedecke ruht auf tragenden Rundbögen aus einheimischem Bimsstein oder „porri", der unverputzt blieb. Die wenigen kleinen Fenster liegen hoch in den Außenwänden. Zusätzliche Innenfensterläden streuen das Licht und verhindern, dass der heiße Sommerwind Staub und Sand ins Haus weht.

Als die jetzigen Besitzer das Haus kauften, bestand es aus zwei separaten Einheiten. Sie haben daraus einen großen, offenen Wohnbereich mit einfachen, ineinander übergehenden Wohn-, Ess- und Badebereichen gemacht, deren weiße Wände und Decken das Licht reflektieren. Die Wand mit den Rundbögen wurde durchbrochen, um den ursprünglichen Grundriss wiederherzustellen. Die originellen Sanitärobjekte mit traditionellen Formen und modernen Installationen haben die Besitzer selbst entworfen.

rechts: Moderne Rattanmöbel aus Indonesien, im Dorf gekaufte Kissen mit blau-weißen Streifen und blütenweiße Bettwäsche strahlen eine zeitgemäße Frische aus und spielen auf das Blau und Weiß der Umgebung des Hauses an.

Liebe zum Detail

Für die meisten Inselbewohner war es seit jeher notwendig, ihre Häuser mit konventionellen Methoden zu bauen. Die schönsten dieser Häuser haben über viele Jahre den Elementen widerstanden. Da es auf der Insel keine Wälder gibt, stand kein Bauholz zur Verfügung. Darum baute man die dicken Wände, die im Sommer für Kühle und im Winter für behagliche Wärme sorgen, aus dem hier abgelagerten vulkanischen Gestein. In älteren Gebäuden und gewerblich genutzten Räumen wie den „kanavas" blieben die Wände meist unverputzt, das Innere war also dunkel. Beim Umbau eines alten Baus zum Wohnhaus lassen die Besitzer Wände und

unten links: Auf einem Regal aus einem Stück Treibholz steht ein schlichter Spiegel. Für die runden Konturen der Badewanne wurde ein traditioneller, wasserfester Verputz in Weiß verwendet. Die Keramikvase, die als Waschbecken dient, stammt von einem Töpfer im Dorf. Es ist die Reproduktion einer Vase, die bei Ausgrabungen im nahe gelegenen Akroti gefunden wurde.

unten: Aus einem Bimssteinblock strömt das Wasser der Dusche in eine flache Wanne im römischen Stil. Da das Haus keinen Swimmingpool hat, wird sie auch gern für eine schnelle Abkühlung zwischendurch genutzt.

Decken meist mit weißem „patitio“ verputzen, der das Licht reflektiert und die Räume selbst dann freundlich wirken lässt, wenn nur wenig Tageslicht hereinfällt.

Die Bewohner dieses Hauses haben sich bei der zurückhaltenden Einrichtung und Gestaltung von der griechischen Antike inspirieren lassen. Die uralt aussehenden „pithoi“, Vorratsbehälter aus Keramik, sind teilweise antik und teilweise Reproduktionen. Einer oder zwei wurden tatsächlich beim Umbau des Hauses gefunden. Diese Stücke vermitteln auf subtile Weise ein authentisches Gefühl für das ehrwürdige Alter des Hauses.

unten: Konventionelle Dekorationen sucht man an den weißen Wänden vergeblich. Weder Bilder noch Vorhänge oder auffällige Leuchten stören die klaren Formen. So können die schönen Räume und das einheimische Kunsthandwerk ganz für sich sprechen.

Kühles Blau und Weiß

Beim Umbau dieses älteren Hauses wurde in der ursprünglichen Küche ein geräumiges Bad eingerichtet.

Der ungewöhnliche Charakter des Raums beruht darauf, dass kaum gerade Linien vorhanden sind. Den Besitzern war daran gelegen, dass der historische Charakter spürbar bleibt, weil sie seine besondere Atmosphäre schätzten. Die tiefe Nische, in die ein Whirlpool eingebaut wurde, ist mit wasserfestem Verputz in kühlem Hellblau überzogen, der dem marokkanischen Tadelakt ähnelt und auch im Außenbereich verwendet werden kann. Seine glatt polierte Oberfläche reflektiert das Licht und scheint von innen heraus zu leuchten. Diese uralte, bewährte Verputztechnik wird heute von Raumdesignern in aller Welt als Alternative zu den sonst üblichen Fliesen eingesetzt. In diesem bescheidenen Bauernhaus wirkt sie verblüffend modern. An der Ecke der Wanne unterbrechen zwei Blöcke des Steins, aus dem das Haus gebaut ist, den glatten Verputz. Eine antike geschnitzte Holztür dient als Ablagetisch, ein alter Fenstergriff als Handtuchhalter. Solche ausgesuchten Details tragen viel zum besonderen Charakter des Raums bei.

links: Die Antiquitäten aus dunklem Holz bilden durch ihren Kontrast zum hellblauen Verputz von Wanne und Wänden einen interessanten Blickfang. Weiße Handtücher, ordentlich auf dem Tisch zusammengefaltet, lockern die klaren Linien etwas auf und vermitteln Behaglichkeit.

Kapitel zwei

Modernes Weiß

Abkühlung im Pool

unten: Die ein einem Stück aus Polypropylen geformten Stühle von Verner Panton sind wie geschaffen für den Sitzbereich im flachen Wasser. Sie gelten heute schon als Design-Klassiker des 20. Jahrhunderts.

In Florida sind die Sommer heiß, oft auch schwül. Viele moderne Häuser haben einen Swimmingpool, in dem sich die Bewohner nach dem Tag im Büro abkühlen können. Private Pools sind manchmal nur schmale, längliche Becken, in denen man ein paar Schwimmzüge machen kann. Andere sind luxuriös groß und haben eine erfrischende Fontäne, unter der man herrlich herumspritzen kann.

In südlichen Breiten mit grellem Sonnenlicht lässt sich die Poolumgebung oder eine Terrasse mit viel reflektierendem Weiß in eine Oase der Ruhe verwandeln. Ein weißer, gefüllter Pool leuchtet blass azurblau, weil sich in der Wasseroberfläche der Himmel spiegelt. Die kühle Farbe lädt dazu ein, sich im Wasser zu aalen oder einfach dazusitzen und dem Spiel des Lichts auf den winzigen Wellen zuzuschauen. Bei der Gestaltung dieses luxuriösen Pools mit drei kleinen Wasserfällen und sanft ansteigenden Stufen hat sich der Designer Ken Ganeaux an den Wünschen der Besitzer orientiert. Er gehört zu einem modernen, aber nicht ultramodernen Haus in Rosemary Beach an der Emerald Coast in Florida. Rosemary Beach ist eine schnell wachsende Gemeinde am Meer und jenseits der Sichtschutzmauer dieses Grundstücks entstehen zahlreiche neue Häuser. Mauer, Pool und Stufen sind mit einem weißen Verputz überzogen, der mit zunehmender Wassertiefe immer bläulicher erscheint. Ein originelles Detail ist der obere Bereich, in dem man entspannt sitzen und die Füße im flachen Wasser kühlen kann.

rechts: Der blau-weiße Pool wirkt angenehm frisch und ist wegen seiner Schlichtheit ausgesprochen pflegeleicht. Die dicke Mauer schmiegt sich in weichem Bogen an die Kontur des Pools. Schmale Schlitze lockern die schlichte, glatte Fläche auf.

Leben im Freien

Dieses moderne Haus in Rosemary Beach, ein Entwurf des Architekten Carey McWhorter, wurde erst kürzlich fertiggestellt. Es ist anders als die hypermodernen Bauten, die er bisher in der Region gebaut hat. Die Städteplaner befürworten eine Mischung verschiedener Baustile, um das Bild von organischem Wachstum zu vermitteln. Das Schrägdach ragt weit über die Terrasse vor, sodass man dort zu allen Jahreszeiten sitzen kann. Eine hohe, hell verputzte Mauer umschließt Haus und Garten und sorgt für den nötigen Sichtschutz. Schmale Durchbrüche gewähren Blicke auf die Nachbarhäuser und lassen Sonnenstrahlen einfallen, die reizvolle Muster an die Wände werfen. Der blütenweiße Verputz reflektiert das Licht und lässt eine eindrucksvolle natürliche Lightshow entstehen.

unten links: Den Garten hat die Designerin Dana Hicks mit vornehmlich exotischen Pflanzen angelegt. Sie bilden mit ihren unterschiedlichen Blattformen interessante Kontraste zu den geradlinigen Formelementen des Hauses.

unten: Der Tisch aus altem Teakholz steht das ganze Jahr über im Freien, seine Farbe ist im Laufe vieler Sommer zu einem sehr blassen Grau verblichen. Wie das weiße Geschirr in klassischen Formen überlässt er den Farben des Gartens den Vortritt.

rechts: Kissen in fein abgestimmten Grau- und Gelbtönen bilden einen dezenten Farbakzent zum Weiß von Wand und Bank. Die Kissenbezüge bestehen aus einem wetterfesten, UV-resistenten Gewebe, das ursprünglich für Spray-Hoods von Jachten entwickelt wurde.

Klassik zeitgemäß

Weiß ist heute die klassische Hintergrundfarbe für einen internationalen Stil, der sich durch klare Linienführung, unterschiedliche Texturen, wohldosierte Farbtupfer und dunkle Accessoires auszeichnet. Ein weiß gestrichener Raum kommt nie aus der Mode und sieht nie überholt aus. Zudem kann man mit Farben interessante Akzente setzen, die sich vor dem ruhigen Hintergrund abheben und ihn dadurch wiederum noch mehr betonen. Farbtrends kommen und gehen, doch in einem Raum in Weiß braucht man nur ein paar Kissenbezüge oder eine Bettwäschegarnitur auszutauschen, um ihn zu „renovieren". Für abwechslungsreiche Texturen lässt sich leicht durch Vorhänge oder Jalousien, Teppiche oder

Möbelbezugsstoffe sorgen. Accessoires wie Lampen oder Bilder runden die Gestaltung stimmig ab.

Das gesamte Haus in Rosemary Beach ist mit Böden aus dunklem Walnussholz ausgelegt. Designer Ken Ganeaux hat es konsequent in Weiß und Braun gestaltet. Im Schlafzimmer genügen zwei Kissen in gedämpftem Gelb als Farbtupfer. Wenn die Farbgebung so zurückhaltend ist, kommen die Texturen umso besser zur Geltung. Ein Kopfteil aus Alcantara, Flechtmöbel und ein Langflorteppich bilden ein vielschichtiges Ensemble von Oberflächen, das lebendig, warm und behaglich wirkt.

links: Alcantara, mit dem das Kopfteil und die Sitzkissen bezogen sind, war der erste Mikrofaserstoff, der in den 1970er-Jahren auf den Markt kam. Es fühlt sich wie Wildleder an, ist aber unempfindlich gegen Flecken, franst nicht aus, verzieht sich nicht und kann in der Waschmaschine gewaschen werden – das perfekte Material für die Wohnung.

rechts: Durch wandhohe Fenster mit Blick auf den Pool strömt Sonnenlicht in das Schlafzimmer. Die Vorhänge in Braun-Weiß sind auf die Grundfarben des Raums abgestimmt. Nur in winzigen Tupfern des Musters taucht das Chartreusegelb der Kissen auf dem Bett wieder auf.

Das Gebiet um Rosemary Beach war weitgehend unbebaut, bevor 1995 die neue Stadt gegründet wurde. Trotzdem wollte der Architekt beim Bau dieses Hauses den Eindruck erwecken, es habe eine Vorgeschichte als gewerbliches Objekt, etwa als Lagerhaus oder Scheune. Darum wurden verschiedene Strukturelemente bewusst nicht versteckt.

Die Dachkonstruktion ist geradlinig. Die sichtbaren Balken sind dunkel lasiert, die Decken dazwischen mit weiß gestrichenen Profilbrettern verkleidet. Auf dieser Verkleidung befindet sich eine Isolierung und darüber das Dach aus Metallprofilen. Insgesamt ist dies eine recht umweltfreundliche Lösung.

Metallprofile werden in Florida häufig als Bedachungsmaterial verwendet, weil konventionelle Pfannendächer den häufigen Stürmen und Hurrikans nicht standhalten würden. Dass die Metallprofile eine etwas industrielle Ausstrahlung haben, verstärkt in diesem Fall nur die angestrebte Wirkung des Hauses.

In den schlichten, weiß gestrichenen Innenräumen ist dunkles Walnussholz ein wiederkehrendes Element – in Form des glänzenden Parketts, der Zimmertüren und der Badezimmerschränke, die von Ganeaux entworfen und von einem Tischler vor Ort eingebaut wurden. Die schlichten, weißen Sanitärobjekte aus Italien passen perfekt zu dem schnörkellosen, schlichten und modernen Stil, der den Charakter des ganzen Hauses prägt.

links: Auf dem Treppenabsatz, der in seiner edlen Schlichtheit einer Galerie ähnelt, wirkt der alte Holzsessel fast so erlesen wie eine moderne Skulptur. Ken Ganeaux hat ihn bei eBay ersteigert – ein ergiebiges Jagdrevier für alle, die auf der Suche nach außergewöhnlichen Möbelstücken sind.

oben rechts: Der Buddha-Kopf aus weißem Porzellan passt ausgezeichnet zu der schlichten, zurückhaltenden Einrichtung des Bades.

unten rechts: „Ariel" heißen die edlen, weißen Wandleuchten von Artemide. Die einzelne Leuchte vor dem Spiegel wirkt wie ein Paar und auch die Lichtausbeute ist doppelt so groß.

Weniger ist mehr

Inmitten eines üppigen, exotischen Gartens in Miami liegt das Haus von Terence Riley und John Bennet, das einer Hommage an den deutschen Architekten Mies van der Rohe gleicht. Die Inspiration für den Bau lieferte ein Entwurf von Mies für ein Haus mit Innenhof, den er nie verwirklichte. Stahl und Glas sind, wie es für den Bauhaus-Stil typisch ist, die Hauptmaterialien.

Das Haus wirkt ungemein hell und geräumig, gibt sich nach außen aber introvertiert. Die Räume sind um einen Innenhof mit einer blauen, schmalen Schwimmbahn angeordnet, die Schlafzimmer erreicht man über eine schmale Brücke, die den Pool quert.

rechts: Das Flachdach springt vor der Küche und dem Wohnbereich 2,5 Meter vor und hält die Räume im Sommer kühl und schattig. Große Glasschiebetüren unterbrechen die weiß verputzten Wände aus Porenbeton.

unten links: Die Besitzer haben die Wirkung des Lichts und seine Veränderung im Lauf des Tages durch eine Computersimulation exakt kalkuliert. Die Mühe hat sich gelohnt, das Spiel von Licht und Schatten auf den weißen Wänden ist tatsächlich beeindruckend.

unten: Im Hof steht eine Ruheliege mit Segeltuchbezug und weißen Kissen. Abends dient die gegenüberliegende weiße Mauer als Leinwand für das Freiluft-Heimkino.

Neben den schneeweißen Innen- und Außenwänden sehen die glänzend orangefarbenen Fronten der Bulthaup-Küche so edel aus, dass man sie kaum als Arbeitsbereich wahrnimmt. Auf den Arbeitsflächen steht nichts Unnötiges. Alle Küchenutensilien sind unter der Edelstahl-Arbeitsfläche verstaut. Das warme Orange bildet einen spannungsreichen Kontrast zu dem stark vergrößerten Ozean-Foto von Richard Misrach. Der Fotograf hat es selbst an der Wand eines würfelförmigen Komplexes angebracht, in dem sich Stauraum, Vorratsschränke und ein Bad befinden.

Terence Riley leitet das Miami Art Museum. Das riesige Foto und einige andere ausgesuchte Stücke sind seinen guten Kontakten zu zeitgenössischen Künstlern zu verdanken. Auch hier findet sich ein Bezug zu Mies van der Rohe, der sich dagegen aussprach, Kunst und Architektur zu trennen. Sein erklärtes Ziel war, „Natur, Mensch und Architektur in einer höheren Einheit zusammenzubringen". In diesem Sinne bringt das Haus in Miami das Natürliche und das Künstliche miteinander in Dialog.

rechts: In den sparsam möblierten, weißen Räumen fällt der gewagte Kontrast zwischen dem blauen Ozean und der orangefarbenen Küche umso mehr ins Auge. Der weiße Tisch stammt von Saarinen, die grauen Hartgummistühle namens „Non" von Komplot.

Dschungelgarten

Hohe, weiß verputzte Mauern umgeben das Grundstück und schützen vor neugierigen Blicken. Vor und hinter dem Haus wurde ein üppiger Dschungelgarten mit hohen Palmen und ausladenden Farnen angelegt. Die wandfüllenden Schiebetüren in den Schlafzimmern und Bädern lassen die Grenze zwischen Innen- und Außenraum nahezu verschwinden. So entsteht ein spielerischer Dialog zwischen Natur und Architektur. Die Wand der Dusche sieht aus, als reflektiere sie grünliches Licht, das durch die Pflanzen im Garten fällt. Dass sie mit grünlichem Mosaik verkleidet ist, erkennt man erst auf den zweiten Blick.

rechts: Das ruhige Gästezimmer liegt gleich hinter der Grundstücksmauer, die aber von den üppigen Pflanzen weitgehend verdeckt wird. Die Möbel sind schlicht weiß, nur die rosenholzfarbenen bodenlangen Vorhänge bringen etwas Farbe ins Spiel.

unten links: Die Wände im Bad sind mit grünlichem Mosaik von Bisazza verkleidet, der Boden aus poliertem Beton geht nahtlos in die barrierefreie Dusche über.

unten: Das kantige Waschbecken hat keinen Unterbau, damit der Boden frei bleibt. Im Spiegel sieht man die stattlichen Cabada-Palmen im Garten.

links: Die schmalen, exotischen Gartenstreifen vor den großen Glasschiebetüren hat der renommierte Landschaftsarchitekt Raymond Jungles angelegt. Die hellgrünen Wedel der Paurotis-Palme, die in den Everglades in Florida heimisch ist, sehen besonders eindrucksvoll aus, wenn sie abends angestrahlt werden.

rechts: Von der Straße sieht man kaum etwas vom Haus. Es liegt an einer der schattigen, baumgesäumten Straßen in Miamis Design-District hinter einer mächtigen Virginia-Eiche (Quercus virginiana), die hier heimisch ist. Milchglasscheiben schützen vor neugierigen Blicken.

Außergewöhnliche Täfelung

In Florida und im Mississippi-Gebiet wachsen in Feuchtgebieten Sumpfzypressen, deren Holz für Bodenbeläge und Wohnraumtäfelungen sehr beliebt ist. Manche Bäume werden von einem Pilz befallen, der zur Bildung linsenförmiger Hohlräume im Holz führt. Beim Aufschneiden der Stämme in Bretter zeigen sich diese als attraktive, plastische Strukturen mit länglich-elliptischer Form. Designer Ken Ganeaux hat die Bäume für die Vertäfelungsbretter der überdachten Terrasse persönlich ausgesucht.

rechts: Die gläsernen Falttüren lassen sich so weit öffnen, dass die Grenzen zwischen Innen- und Außenbereich verschwinden. Für die Innenwände wurde weißer Gipsputz gewählt.

unten: Die überdachte Terrasse mit dem indonesischen Tisch erinnert entfernt an eine Zigarrenkiste. Tagsüber mildert das interessant strukturierte Holz das grelle Sonnenlicht, abends schafft es eine ausgesprochen intime und gemütliche Atmosphäre.

Blick von oben

Aus der 27. Etage dieses nagelneuen Wohnkomplexes genießt der Unternehmer Jeff Morr einen atemberaubenden Blick über Florida – bis nach Miami im Süden und Fort Lauderdale im Norden. Das neue Gebäude war eines der ersten, die in einem neuen Siedlungsgebiet im bislang unbebauten Railroad District entstanden. Weit unten erstrecken sich von Bäumen gesäumte Straßen in alle Richtungen, aber mit dem Auto braucht man nur fünf Minuten bis zum glamourösen South Beach mit seinen Hotels, Straßencafés und Models auf Inlinern oder zum berühmten Art Deco District.

Auf zwei Seiten zieht sich ein langer, breiter Balkon um das Appartement. Er bietet ein 180-Grad-Panorama und in den weißen Segeltuch-Liegestühlen kann man sich ganz nach Wunsch in der Sonne oder im Schatten ausstrecken. Das weiß vorspringende Dach des Balkons hält die Räume im Inneren schattig – eine Bauweise, die sich bei den neueren Gebäuden in und um Miami zunehmend durchsetzt. Die Aussicht ist hinreißend, aber die Höhe der Wohnung sorgt auch dafür, dass auf dem Balkon selbst an feuchtheißen Tagen immer ein sanfter Wind weht. Das Innere und das Äußere des Wohnkomplexes sind überwiegend in Weiß gehalten. Die Gebäudefassaden aus rohem, hellem Beton leuchten in der Morgensonne.

rechts: Die Außenwände der Wohnung sind von wandhohen Glastüren durchbrochen, die in den Essbereich und das Schlafzimmer führen. Eine Seite des Balkons geht nach Osten, die andere ist nach Norden gerichtet. So ist die Wohnung den ganzen Tag über wunderbar hell.

Nachtszene

Tagsüber ist die Aussicht von den Fenstern der Wohnung aus schon sehr eindrucksvoll, aber wenn abends der Verkehr über die South Bridge zu den Hochhaussiedlungen auf der anderen Seite der Bucht strömt, verwandelt sich die Welt da unten in ein summendes Lichtspektakel, das sich unablässig verändert.

Die espressobraunen Keramikfliesen mit Lederoptik erden den großen Raum und die weißen Wände heben sich schimmernd gegen den nachtblauen Hintergrund des Himmels ab. Der Besitzer dieser Wohnung liebt den groben, körnigen Charakter des rohen Betons und hat – im

unten: Wände, Vorhänge und Möbel in Weiß reflektieren das sanfte, vielschichtige Licht. Man möchte meinen, dass sie mit zunehmender Dämmerung immer heller werden. Den einzigen Farbtupfer im Raum bildet der Teppich mit dem Blumenmuster, das von den rechteckig angeordneten Deckenstrahlern beleuchtet wird.

unten links: Den großen Esstisch hat der Wohnungsbesitzer selbst entworfen. Die Platte aus grünem irischem Marmor ruht auf Stahlrohr-Beinen mit großen Rollen. Sein Stellplatz ist so gewählt, dass man auch beim Essen die Aussicht genießen kann.

unten rechts: In einer Ecke des Raums steht ein modernes, gerundetes Sofa von Edra aus weißem Leder, das mit seiner verstellbaren Lehne für besonderen Komfort sorgt. Abends schimmert das helle Leder im Licht der Stehleuchte von Flos.

Gegensatz zu vielen Nachbarn – die meisten Decken nicht verkleiden lassen. Da entsprechend keine Möglichkeit zum Einbau versenkter Deckenstrahler bestand, wurden winzige Halogenstrahler an diskreten Spanndrähten installiert. Nachts wirken sie wie kleine Sterne, die sanfte Lichtinseln auf den Fußboden malen, ohne von der faszinierenden Aussicht abzulenken. Ergänzt wird die Deckenbeleuchtung durch eine moderne Stehleuchte zum Lesen und eine Reihe von Hängeleuchten über dem Esstisch, die ein Abendessen mit Freunden in ein angenehmes Licht tauchen.

Topmodern

Hellblau und Weiß ist aus gutem Grund eine beliebte Farbkombination für Schlafräume. Sie erinnert an den blauen Himmel und die weißen Wolken der weiten Natur und vermittelt deren ruhige, freundliche Ausstrahlung sogar in der Großstadt. Wer in einem Hochhaus mit Blick auf die Küste lebt, hat tagtäglich Meer, Himmel und Wolken vor Augen. Und es ist uns Menschen ein natürliches Bedürfnis, ein Stück Außenwelt in unsere Wohnräume zu holen – auch in weniger spektakulärer Wohnlage. Sanfte Blautöne und Weiß vermitteln eine luftige Frische, die auch kleinen, dunklen Räumen gut bekommt. Archäologen haben blau-weiße Elemente bereits in römischen Fresken entdeckt, und es gibt wohl keine historische Epoche, in der man diese Farbkombination nicht schätzte. Trotz dieser langen Tradition haftet Blau-Weiß nichts Altmodisches an – im Gegenteil, die Kombination kann ultramodern wirken. Das Schlafzimmer mit seinen hohen Decken und riesigen Fenstern hat weiße Decken und Vorhänge. Die eisblaue, gequiltete Decke spielt auf die Kräuselwellen des Meeres an, und die außergewöhnliche Leuchte, die an der Betondecke hängt, korrespondiert mit allen Texturen im Raum.

oben links: Light Shade Shade heißt die originelle Deckenleuchte von Mooi. Der Designer hat einen konventionellen Kronleuchter aus Glasfacetten mit einer „Haut" aus metallisiertem Kunststoff umgeben. Tagsüber spiegelt sich in der Oberfläche der raue Beton der Decke. Schaltet man den Leuchter bei Dunkelheit ein, ist von der Kunststoffumhüllung nichts mehr zu sehen.

links: Der Blick auf den Art Deco District jenseits des Damms ist bei Tag und Nacht atemberaubend. In den Farben der Accessoires spiegeln sich die Farben von Himmel und Wasser wider.

rechts: Wenn man morgens über dem glitzernden Wasser aufwacht, spürt man, dass das Leben im Hochhaus Gutes aus zwei Welten bietet: die Nähe zum quirligen Stadtleben einerseits und anderseits eine großartige Weite.

Sonne und Schatten

Die Landschaft rings um die südafrikanische Stadt Kapstadt ist ungemein vielgestaltig. Nur wenige Kilometer – oder Autominuten – vom Stadtzentrum entfernt findet man feinsandige Strände, dichte Wälder und eindrucksvolle Bergpanoramen. Angesichts dieser abwechslungsreichen Umgebung ist es nicht verwunderlich, dass sich auch die architektonischen Stile innerhalb der Stadt erheblich unterscheiden. Mit den weiß gekalkten Cottages in den Dünen, den modernen Wohnkomplexen in der City, den klassischen Holzvillen im Kolonialstil und der kunterbunten Individualität der Townships ist „The Mother City", wie die Stadt auch genannt wird, ein wahrlich kosmopolitischer Ort zum Leben.

oben: Die großen Glastüren können geöffnet werden, damit im Sommer frischer Wind durch den gläsernen Wohnbereich weht und die Farben des Gartens nach innen strahlen. Die Bodenfliesen und der Teppich in Weiß reflektieren die Strukturen der Pflanzen, die das Haus umgeben.

oben: Eine Wand im Haus ist in einem gewagten, knalligen Orange gestrichen, das einen auffälligen Kontrast zum kräftigen Blau des wolkenlosen Sommerhimmels bildet.

oben rechts: Von draußen nimmt man die runde Konstruktion aus Stahl und Glas am besten wahr. Große Bäume werfen den ganzen Tag über Schatten auf die geflieste Terrasse. Die eleganten Kurven des Sonnendecks korrespondieren mit der fließenden Form des futuristischen Baus.

In dem grünen Vorort Constantia steht dieses außergewöhnliche Haus namens „Falcon's Eye" (Falkenauge). Von dem runden Bau aus Stahl und Glas hat man einen hinreißenden Blick über die Baumwipfel hinweg bis zu den Bergen. Der Hauptwohnbereich ist von einer gerundeten Glaswand umgeben. Auf seinem weißen Boden malt die Sonne, die durch die Kronen der Bäume fällt, ständig wechselnde Licht- und Schattenmuster. Durch die Glaswand hat man einen unglaublichen Panoramablick auf den Himmel, der keineswegs immer blau ist. Vor den nahe gelegenen Bergen hängen manchmal den ganzen Morgen lang dicke Wolken, die erst gegen Mittag von der Sonne aufgelöst werden.

Vom Sonnendeck aus weiß lasiertem Holz schaut man über üppige Palmen hinweg auf die weite Landschaft bis hin zu den Hottentot-Hollands-Bergen jenseits der False Bay. Die Besitzer haben die Grundstückslage weit oben an einem Hang geschickt genutzt und auf dem Dach der Schlafräume im Erdgeschoss eine Sonnenterrasse angelegt, von der man die Welt aus der Vogelperspektive betrachten kann.

Eine feine Reling aus Stahlrohr folgt der geschwungenen Kontur der Terrasse und schützt vor Stürzen, ohne die Aussicht zu behindern. Weiß reflektiert das Licht und wirkt angenehm schlicht – ideal für heiße

unten: Die weichen Rundungen der Aluminium-Sonnenliegen erinnern an die Schwingen von Seevögeln, die über den Himmel segeln.

unten rechts: Die schlanken Stahlrohrbeine der modernen Hocker namens „Venus“ passen perfekt zu den Stützen der Reling, die sich um das Sonnendeck zieht. Ein herrlicher Platz, um nach Einbruch der Dunkelheit hoch über den glitzernden Lichtern der Stadt einen Schlummertrunk zu nehmen.

unten: Das geradlinige Muster der schmalen Planken bildet einen interessanten Kontrast zu den weichen Schwüngen der Terrassenkontur, durch den die großzügig-kurvige Liniensprache des Hauses umso mehr betont wird.

Länder mit grellem Sonnenschein. Die Aluminium-Sonnenliegen sind so kompromisslos schlicht, dass Material und Verarbeitung von bester Qualität sein müssen. Holzdecks gibt es in verschiedensten Ausführungen. Harthölzer wie Teak oder Ipé nehmen, wenn sie unbehandelt bleiben, mit den Jahren einen silbrigen Ton an. Mit einer hellen Lasur lässt sich dieser Effekt schneller erzielen. Wichtig ist, eine für den Außenbereich geeignete Lasur zu verwenden und das Holz vor dem Auftragen gut trocknen zu lassen. Am besten streicht man an einem bedeckten Tag, weil die Lasur bei Sonne und Hitze zu schnell antrocknet und scheckig werden kann.

Sommer-Weiß

Wenn man eine großartige Aussicht hat – was braucht man da mehr? Dieser Gedanke scheint der Einrichtung des kleinen, luxuriösen Hotels Boutique Manolo zugrunde zu liegen, das am Hang des Signal Hill liegt, nur wenige Minuten von der Innenstadt Kapstadts entfernt. Von hier hat man einen wunderbaren Blick auf den Tafelberg. Es gehört zwei Gastronomen niederländischer Herkunft, die sich beruflich verändern wollten. Sie entdeckten das vierstöckige, moderne Gebäude in Tamboerskloof und erweiterten es auf beiden Seiten um Anbauten, die Platz für Gäste-Suiten und ein Penthouse-Appartement schufen. Die behaglich-luxuriöse, unaufdringliche Atmosphäre des Wohnbereichs im Penthouse beruht auf der gekonnten Kombination von Texturen: blass glänzendes Leder, ein Langflorteppich, Lamellen-Innenfensterläden und duftige Voile-Vorhänge.

links: Die glänzenden Oberflächen reflektieren das Licht und vertiefen die Schatteneffekte auf den mattweißen Kissen aus Alcantara und dem langflorigen Wollteppich.

rechts: Die golden metallisierte Glas-Kugelvase ist ein gelungener Blickfang mitten im Raum. In ihrer Oberfläche spiegeln sich die weißen Wände und Möbel.

In den frühen Morgenstunden, bevor die Sonne die Wolken aufgelöst hat, ist es in den Hügeln über Kapstadt oft diesig. Die kleine Außenterrasse vor der Penthouse-Wohnung hat eine Brüstung aus klarem Sicherheitsglas – ein wirkungsvoller, aber völlig unsichtbarer Schutz. Wenn man auf den Sofas mit den weißen Segeltuchbezügen frühstückt, bevor die Sonne allzu heiß brennt, fühlt man sich, als würde man über der erwachenden Stadt schweben.

Weiße Bezüge sehen auf den dunklen Flechtmöbeln wunderbar aus. Vordergründig mag weißes Segeltuch für Sitzpolster unpraktisch erscheinen, weil es leicht Flecken von Kaffee, Marmelade oder Druckerschwärze der Morgenzeitung bekommt. Andererseits kann man die robusten, abnehmbaren Bezüge problemlos im Kochwaschgang waschen und in der Sonne bleichen, sodass sie immer makellos aussehen.

links: Polsterbezüge aus konventionellem Segeltuch müssen bei Regen ins Haus geholt werden. Unempfindlicher – auch gegen Flecken – sind Bezüge aus wasserfestem Gewebe wie Sunbrella, die bei jedem Wetter draußen bleiben können.

rechts: Aus dem Obergeschoss schaut man auf eine strenggeometrische Anlage mit blütenweißen Terrassenplatten, einem sattgrünen Rasenrechteck und einer Schwimmbahn in ungewöhnlichem Rot.

Die Besitzer des Boutique Manolo kamen auf die ungewöhnliche Idee, den Pool nicht im üblichen Blau zu streichen, sondern in Knallrot. Die Farbe springt ins Auge, wenn man die steile Treppe vom Obergeschoss hinabsteigt, um unten im mediterran gestalteten Garten ein Bad zu nehmen. Das Rot passt aber ausgezeichnet zu dem ultramodernen Stil des Hauses mit den weißen Interieurs, in denen ebenfalls Akzente in Rot eingesetzt sind.

Bei der Gestaltung von Haus und Innenräumen hatten die Besitzer alle Aspekte von Entspannung und Luxus im Blick. Durch den interessanten Poolbereich mit seiner schneeweißen Terrasse ist dieses Hotel der Konkurrenz um eine Nasenlänge voraus. Die Poolterrasse wird täglich gesäubert und aus dem Pool müssen regelmäßig Blätter gefischt werden, doch angesichts der aufsehenerregenden Wirkung der Kombination von Schneeweiß und Feuerrot lohnt sich diese Mühe. Teile von Pool und Terrasse sind zu allen Tageszeiten von den hohen Bäumen beschattet und werden von den Gästen, die sich im Manolo erholen, gern in Anspruch genommen.

rechts: Die Liegen am Pool haben Bezüge aus Frotteestretch, der abends abgenommen und gewaschen werden kann. Rote Handtücher, die aufgerollt bereitliegen, sorgen für einen fein abgestimmten Farbakzent.

unten: Einige Gäste haben angesichts der leuchtend roten Farbe eine Hemmschwelle, in den Pool zu steigen – bis ihnen erklärt wird, dass nur die Wände rot sind, aber nicht das Wasser.

links: Die weiße Betontreppe zum Obergeschoss ist recht steil, aber wegen des angenehmen Schattens und der zahlreichen interessanten Ausblicke ist der Aufstieg nicht allzu beschwerlich.

ganz rechts: Duftige, weiße Voilevorhänge an den großen Fenstern sorgen für Sichtschutz und angenehme Kühle, ohne die Zimmer zu verdunkeln.

unten: Unter der Treppe ist ein verglastes Becken mit weiß-roten Koi eingebaut. Gäste, die von einem Bad im Pool nach oben steigen, halten gern einen Moment inne, um den Fischen zuzuschauen.

Kühler Garten

Als Peter Zeeuw und Leen Filius das Gebäude aus den 1970er-Jahren entdeckten, war ihnen klar, dass es für ihre Zwecke zu klein war. Die Aussicht war jedoch unschlagbar. Die Besitzer erkannten das Potenzial des Gebäudes und ließen es zu einem modernen, außergewöhnlichen Hotel umbauen. Es dauerte zwei Jahre, bis die Umgestaltung des Hauses und die Neugestaltung der Gartenanlagen abgeschlossen waren.

Die schneeweise Fassade wird von großen, wandhohen Glastüren unterbrochen, die auf die privaten Balkons vor den Zimmern führen. Weiße Betontreppen und spiralförmige Wendeltreppen verbinden die Ebenen. Das Haus würde ebenso gut nach Monte Carlo oder Sydney passen. Mit dem sich verändernden Sonnenstand entstehen im Lauf des Tages dynamische Muster aus schrägen Schatten, die langsam über die Terrasse wandern. Auch der Garten spielt für die Wirkung des Hotels eine wichtige Rolle, denn die üppige Bepflanzung wirkt wie ein „Weichzeichner“ für die senkrechten und waagerechten Linien des Baus. Wenn der Rasensprenger seine frühmorgendliche Arbeit erledigt hat, liegt der untere Bereich des Gartens noch im Schatten – ein herrlich frischer, kühler Ort, von dem aus man sich in die Tageshitze wagen kann.

Bei Hitze und blauem Himmel ist es herrlich, im Freien zu wohnen und die Mahlzeiten draußen einzunehmen – vom ersten frischen Saft am Morgen bis zum letzten Kaffee am Abend. Damit es nicht unbehaglich heiß wird, sind gestalterische Kompromisse nötig. Es gilt, ausreichend Schattenplätze zu schaffen und etwas frischen Wind über die Essplätze im Freien wehen zu lassen. Weiß eignet sich hervorragend für Wohnbereiche im Freien, weil es das Licht reflektiert und Flächen aller Art blitzsauber aussehen lässt.

Im Hotel Boutique Manolo tritt man durch die Eingangspforte an der Straße auf einen Innenhof mit zwei großen Ruhebänken, die von Peter Zeeuw entworfen und am Ort gefertigt wurden. Das Frühstück

unten links: Eine Wendeltreppe führt vom unteren Geschoss hinauf zur Küche. Die Stufen sind grau gestrichen, damit sie sich gegenüber den weißen Wänden und Fußböden besser abheben.

unten: Dicke, weiche Kissen mit Segeltuchbezügen machen die Ruhebank behaglich. Die Latten der Rückenlehne bringen eine weitere interessante Textur in das Ensemble.

unten: Durch ein offenes Küchenfenster weht der frische Bergwind und streicht durch die offenen Türen in den Innenhof, der durch die sanfte Luftbewegung gekühlt wird.

wird unter den riesigen, weißen Sonnenschirmen serviert, die den ganzen Hof beschatten und – wenn sie nicht benötigt werden – einfach zusammengeklappt werden können. Kaffee und Eier werden in einer sachlichen, modernen Küche gekocht, deren längliche Fenster mit zarten Lamellenjalousien zur Rückseite des Gebäudes hinausgehen.

Große Glastüren lassen sich komplett zu einer Seite falten, sodass die Küche im Sommer wie ein Raum im Freien wirkt und die Grenzen zwischen Innen- und Außenraum gänzlich aufgelöst werden. Im Winter, wenn es in Kapstadt kühl und regnerisch werden kann, werden die unauffälligen Glastüren kurzerhand geschlossen.

Kapitel drei

Maritimes Weiß

Strandleben

An den langen Sandstränden der Kap-Halbinsel 32 Kilometer südlich von Kapstadt liegt die kleine Gemeinde Kommentjie mit ihren weißen Reetdachhäusern, die sich im Schutz einer Bergkette in die Dünen direkt am Meer kauern. Dieses Gästehaus ist ein typisches Beispiel für den frühen niederländischen Baustil. Es hat innen und außen weiße Wände und ein tief herabgezogenes, traditionelles Reetdach, das die Räume im Inneren beschattet hält. Die Gestaltung in Weiß – für Wände, Möbel und Vorhänge – ist ganz darauf angelegt, dass sich die Gäste in den angenehm kühlen Räumen wohlfühlen.

oben: Das traditionelle Sunset Beach Guest House bekommt durch die hellblau gestrichenen Tür- und Fensterrahmen in den weißen Wänden eine frische, moderne Ausstrahlung.

rechts: Von der Terrasse mit den weißen Platten hat man einen wunderbaren Blick auf Berge und Küste. Nach einem Bad im Meer, das nur einen Steinwurf vom Haus entfernt liegt, können sich die Gäste in Liegestühlen mit weißen Bezügen entspannen.

Ein Schlafzimmer in Blau-Weiß wirkt wunderbar kühl und erfrischend und im klaren Licht der südafrikanischen Sonne ist diese Ausstrahlung schon im ersten Morgenlicht wahrnehmbar. Vor schneeweißen Wänden hängen Vorhänge aus duftigem Musselin, die sich beim kleinsten Hauch der salzigen Luft weich bauschen. Blütenweiße Bettwäsche ist in einem Haus mit maritimem Flair ein Muss. Auch die weißen Accessoires – Lampenschirme, gestrichene Kopfteile der Betten und Bilderrahmen – passen perfekt zum Farbschema. Der schönste Blickfang ist natürlich das Meer vor dem Fenster. Die Einrichtungsfarben, die liebevoll auf die Aussicht abgestimmt sind, erzeugen auch drinnen maritimes Flair und verwischen die Grenzen zwischen Raum und Umgebung. Das Meer sieht immer anders aus – mal azurblau, mal türkis, safirgrün oder düster wie Indigo. An freundlichen Tagen ist es ruhig und blau, bei Sturm wild und bleigrau. Man wird nicht müde, die wechselnde Szenerie zu bestaunen. Und ein Interieur wirkt am schönsten, wenn es solche Naturschönheit unterstreicht, statt mit ihr zu konkurrieren.

links: Alle fünf Schlafräume im Sunset Beach Guest House haben Meerblick. Es ist einfach herrlich, morgens beim Aufwachen durch die großen Glastüren auf die Dünen und den Ozean zu schauen.

rechts: Für ein Schlafzimmer mit ländlichem Charme ist ein blau-weißes Karomuster genau die richtige Wahl. In seiner Schlichtheit passt es perfekt zum Ambiente dieses Strandhauses mit dem anheimelnden Reetdach.

Die ersten Häuser in europäischem Stil, die in der Region von Kapstadt entstanden, wurden in der zweiten Hälfte des 17. Jahrhunderts von Siedlern errichtet, die zur Niederländischen Ostindien-Kompanie gehörten. Sie bauten in den grünen Tälern der östlichen Kapprovinz niedrige, weiß getünchte Häuschen mit Reetdächern. Es waren simple, zweckmäßige Häuser mit drei Zimmern, einem steilen Dach mit hölzernem Dachstuhl und dicken, weiß verputzten Mauern zum Schutz vor der sommerlichen Hitze. Als der Wohlstand der Siedler wuchs, kam oft ein mittiger Giebel hinzu, und es entwickelte sich der hübsche „Cape Dutch"-Stil, dessen Wurzeln sich ins mittelalterliche Europa und auf die indonesischen Inseln zurückverfolgen lassen.

Auf dem Lande gibt es noch einige dieser schönen, alten Häuser. Der schlichte Baustil mit der überaus praktischen Aufteilung ist bis heute beliebt. Viele der Strandhäuser in Kommetjie haben solche weiß gestrichenen Wände und Reetdächer, und einige erinnern an die niederländischen Walfängerdörfer aus dem 19. Jahrhundert. Strohdächer haben sich in Afrika seit Jahrhunderten als guter Hitzeschutz bewährt. Heute verarbeitet man meist eine Mischung aus Stroh und einem hochwertigen Reet, das als „Cape Reed" bekannt ist. Es eignet sich vor allem für die innere Lage, weil es wenig Staub fängt.

links: Eine Ecke des ganz in Weiß gehaltenen Treppenabsatzes im Sunset Beach Guest House liegt direkt unter dem neu gedeckten Reetdach, das noch ganz intensiv nach dem frischem Stroh und dem Salzwasser, in dem es gewachsen ist, duftet.

unten: Die einfachen, weiß lackierten Profilbretter, mit denen das kleine Bad vertäfelt ist, sind nordeuropäischen Küstenbewohnern bestens vertraut. Nur das offene Reetdach verrät, dass dieses Bad in Afrika liegt.

Candlelight Dinner

links: Das Abendessen können die Gäste im Sunset Beach Guest House auf der Terrasse einnehmen und dabei den hinreißenden Anblick des Sonnenuntergangs und der rot angestrahlten Berge genießen.

unten rechts: Blank polierte Gläser, schimmerndes Geschirr und blütenweiße Tischwäsche gehören zur klassischen Ausstattung eines schön gedeckten Tischs. Der romantischen Stimmung, die so ein Essen zu zweit hat, kann sich niemand entziehen.

unten: Blumenschmuck auf dem Tisch sollte klein und dezent sein. Hier steht an jedem Gedeck ein Trinkglas mit zierlichen weißen und pinkfarbenen Blüten, die im Oktober im naturnah gestalteten Garten am Haus blühen.

In einem Klima, in dem es tagsüber zu heiß ist, um draußen zu essen, bietet es sich an, am Abend den Tisch unter freiem Himmel zu decken. Wenn Tischdecke, Geschirr und Servietten in Weiß im Dämmerlicht schimmern und Gläser und Besteck im Schatten funkeln, wird selbst die schlichteste Mahlzeit zum romantischen Festessen. Dazu passt stimmungsvolles Kerzenlicht am besten. An windstillen Tagen empfehlen sich Citronella-Kerzen, deren frischer Duft Mücken vertreibt. Und wenn ein leichter Wind weht, stellt man einfach moderne Laternen oder Windlichter auf, die die Kerzenflammen schützen.

WATERSIDE HOMES

Wochenendparadies

Die Strandhäuser in Grayton Beach in Florida sind gelegentlich Sturmfluten und dem Wüten von Orkanen ausgesetzt. Der Architekt Carey McWhorter erhielt den Auftrag, ein modernes Wochenendhaus zu entwerfen, das den Naturgewalten gewachsen sein und das meiste aus der hinreißenden Aussicht machen sollte. Die Wohn- und Schlafräume liegen hoch über den Dünen auf Betonpfeilern, gut geschützt vor Hochwasser. Vor ihnen liegt ein Holzdeck mit einer wunderbaren Aussicht. Tagsüber ist es hier warm und sonnig und abends kann man von diesem Platz aus sehr häufig das Spektakel eines Sonnenuntergangs bestaunen.

links: Mehrere weiß gestrichene Adirondacks-Stühle stehen aufgereiht und warten auf die Beobachter der abendlichen Sonnenuntergangs-Show. Mit Bedacht platzierte Accessoires in leuchtenden Farben sorgen dafür, dass dieses ganz in Weiß gehaltene Holzdeck nicht nüchtern wirkt.

unten: Im Hochsommer ziehen sich Bewohner und Gäste mittags zu einer Ruhepause in die klimatisierten Räume zurück. Rollos aus weißem Gittergewebe filtern das grelle Sonnenlicht, ohne jedoch die herrliche Aussicht zu versperren.

Farbakzente

Die weißen, angenehm kühlen Räume des Strandhauses werden durch Elemente in kräftigen Tönen aufgelockert, die sich an den Farben der Natur vor den Fenstern orientieren. Das strahlende Blau des Meeres und des Sommerhimmels und das feine Grün der wogenden Dünengräser kehren in den Farben der bodenlangen Vorhänge im Schlafzimmer wieder. Zugezogen bedecken sie die kompletten Wandflächen. Öffnet man sie, kann man vom Bett aus das Küstenpanorama bewundern. Und bleiben die Schiebetüren nachts offen, wird man vom beruhigenden Rauschen der Brandung sanft in den Schlaf gewiegt.

Die Kombination von Schneeweiß mit intensiven Farben eignet sich nur für Regionen mit starkem Sonnenlicht. Im sanfteren Licht des Nordens würden diese intensiven Farben zu grell und aufdringlich wirken. In einem sonnendurchfluteten Haus im Süden hingegen reflektiert das Weiß so viel helles Licht, dass es sich neben der Intensität der konzentrierten Farben der Vorhänge behaupten kann.

links: Die Geradlinigkeit der modernen Architektur und der sparsamen Einrichtung wird durch den grafisch-plakativen Effekt der zweifarbigen Vorhänge unterstrichen. Die Kombination ist ausdrucksstark und gleichzeitig so schlicht, dass sie der Aussicht nicht die Schau stiehlt.

rechts: Der geschwungene Handlauf an der Treppe, die zum Schlafzimmer führt, ist in einem Blau gestrichen, das zu dem Vorhang passt und einen starken Kontrast zu der schneeweißen Wand bildet.

Farbe im Freien

Der Wohn- und Schlafbereich des Hauses ruht auf stabilen Betonpfeilern. Die Höhe sorgt für die herrliche Aussicht und bietet gleichzeitig Schutz vor Sturmfluten. Darunter liegt ein schattiger Bereich, der mit seiner farbenfrohen Gestaltung ein Gegengewicht zur zweckmäßigen Schlichtheit des hellen Betongebäudes darstellt. Diese Herangehensweise ist im ganzen Haus zu entdecken. Sie vermittelt eine heitere Note, die bestens zu einem Haus passt, das zur Erholung geschaffen wurde.

unten: Zwischen den Pfeilern, auf denen das Haus ruht, war genug Platz für einen kleinen Swimmingpool. Ein konventioneller Designer hätte sich mit einem Pool in Blau zufriedengegeben. Hier erhebt sich ein rosafarben gestrichener Pfeiler aus dem Wasser, daneben leuchtet ein sonnengelb lackierter Stuhl.

rechts: Außenduschen sind ungemein praktisch, um sich nach einem Bad im Meer den Dünensand abzuspülen. Die Nische in der weißen Betonwand, in der diese beiden Duschen installiert sind, ist in einem kräftigen Pink gestrichen.

Das Bauhaus stand Pate

Der sachliche Stil, den die Bauhaus-Architekten Mies van der Rohe und Walter Gropius in den 1940er Jahren entwickelten, wurde nach dem Zweiten Weltkrieg in Florida von der Sarasota School fortgesetzt. Der in Florida geborene Architekt Carey McWhorter hat sich beim Entwurf dieses modernen Strandhauses in Destin (Florida) an ihren reduzierten Gestaltungselementen orientiert. Die Auftraggeber wünschten sich ein Haus mit offenem Grundriss und verglasten Wänden, durch die sie den weiten Blick auf den Golf von Mexiko genießen konnten. Außerdem war ihnen wichtig, dass das Haus sich in seine Umgebung – hauptsächlich weißer Sand – harmonisch einfügte.

rechts: Abends leuchten die Häuser nur von innen, eine helle Außenbeleuchtung dagegen ist hier gesetzlich verboten. Sie würde den jungen Meeresschildkröten, die hier von Juli bis Oktober schlüpfen, die Orientierung rauben.

unten: Weiß verputzte Betonelemente und wandgroße Glasflächen sind typisch für diesen in Florida recht verbreiteten Baustil. Im abendlichen Dämmerlicht ist die elegante Schlichtheit und Geradlinigkeit besonders gut zu erkennen.

Von den weißen Terrassen im ersten und zweiten Geschoss aus kann man das Meer beobachten. Der breite Dachüberstand sorgt dafür, dass bei jedem Sonnenstand immer ein Schattenplatz zu finden ist. Der Architekt hat die tragenden Elemente des Baus so angeordnet, dass die meisten Fenster beschatten sind und sich die Räume nicht zu stark aufheizen. Im Erdgeschoss liegt zwischen den Pfeilern ein Pool, in dem sich die Bewohner abkühlen können, wenn die See zu rau oder das Baden wegen starker Strömungen gefährlich ist. Der Architekt hat im Rahmen der natürlichen Vorgaben kreative und zweckmäßige Lösungen gefunden. Darum wird dieser Baustil manchmal als „umweltbezogener Modernismus“ bezeichnet.

links: Die Aussicht auf den blendend weißen Sand und das strahlende Azurblau des Golfs von Mexiko gehört zu den schönsten der Welt. Um davon nicht abzulenken, wurde auf dem Sonnendeck in der ersten Etage auf alle überflüssigen Details verzichtet.

unten: Die weißen Betonpfeiler, auf denen das Haus steht, reichen neun Meter tief in den weichen Sandboden hinab. Pfeiler und Querträger bilden ein grafisches Rastermuster über dem blauen Pool.

Retro-Stil

Obwohl das Haus ein Neubau aus dem Jahr 2005 ist, spielen die manchmal experimentellen Kombinationen von kantigen und kompakten Formen unverkennbar auf den Stil der 1950er-Jahre an. Die in Atlanta lebende Raumdesignerin Libby Sims-Patrick, die für Möbeldesign und Farbwahl verantwortlich ist, hat innerhalb dieses stilistischen Rahmens kreative Lösungen gefunden. Durch ausgesuchte Farben und einzelne Möbelstücke bringt sie das historische Vorbild der Gestaltung zum Ausdruck, ohne das Haus in ein Retro-Museum zu verwandeln. Innenräume und Außenterrassen wirken durch zahlreiche perfekt ausgewogene Farbakzente lebendig. Die Möbel sehen stylisch und modern aus, sind aber praktisch und familientauglich.

links: Kleine Farbtupfer beleben die kleine Loggia aus poliertem Beton und waagerecht montierten Profilbrettern. Die Zitrustöne der Kissen und das Wasserblau des Beistelltisches gehören zur typischen Farbpalette der 1950er-Jahre, die bestens zu den stilistischen Untertönen der Architektur passt.

rechts: Das runde Oberlicht gewährt einen Blick auf den Himmel. Das einfallende Sonnenlicht malt interessante Licht- und Schattenmuster, die in einer ganz in Weiß gestalteten Umgebung am schönsten zur Geltung kommen.

In einem Haus direkt am Strand spielt die Natur die Hauptrolle. Himmel und Meer stehen in jedem Raum im Mittelpunkt. Florida trägt den Beinamen „Sunshine State", weil hier normalerweise zwei Drittel der Tageslichtstunden Sonnenstunden sind. In der Region mit den langen, feuchtheißen Sommern ist es wichtig, die Innenräume der Strandhäuser zu beschatten, damit sie angenehm kühl bleiben.

Räume in Weiß werden diesem Anspruch am besten gerecht, darum haben Architekt und Raumdesigner sich für eine geradlinige Gestaltung mit einzelnen charakterstarken, aber zeitlosen Möbeln entschieden. Vorhänge oder Jalousien sind entweder ganz unauffällig oder es wurde ganz auf sie verzichtet. Sie dienen dazu, die Räume zu beschatten, sollen aber weder die Aussicht blockieren noch von ihr ablenken. Im Wohnbereich sind Wände und Fensterrahmen weiß und auf Teilen des Bodens aus weißem poliertem Beton liegen graue und weiße Teppichfliesen.

links: Weiß und Glas sind die vorherrschenden Elemente im Wohnbereich in der ersten Etage. Vor dem traumhaften Küstenpanorama im Blau und Weiß ist der rote Sessel „Pop Chair" mit dem passenden Hocker ein reizvoller Blickfang.

oben rechts: Von schräg unten sieht die Ecke einer Dachterrasse aus wie das Oberdeck eines Kreuzfahrtschiffes – samt Reling aus Edelstahl.

rechts: Die grafischen, senkrechten und waagerechten Linien des Baus korrespondieren mit der flachen Landschaft Floridas. Die weiß verputzten Flächen heben sich strahlend vor dem blauen Sommerhimmel ab.

Guava Nectar

Modernes Schwarz-Weiß

Schwarz-Weiß ist eine zeitlose Farbkombination, die auch in der Küche eine gute Figur macht. Schneeweiße Arbeitsflächen aus modernen Kunststoffen wirken minimalistisch und zeitgemäß, sind hygienisch und hitzebeständig. Aus diesen Materialien lassen sich nahtlose Arbeitsflächen mit integrierten Spülbecken herstellen, ganz ohne Ritzen, in denen sich Bakterien ansiedeln könnten. Die schwarz glänzenden Schrankfronten, die mit den weißen Arbeitsflächen kontrastieren, sind die perfekte Wahl für die Küche in diesem modernen Architektenhaus am Strand, in dem das reduzierte Design der Aussicht den Vortritt lässt.

Die interessanten blauen Leuchten über dem Esstisch ziehen die Decke optisch etwas herunter. Räumen in Schwarz-Weiß (wie auch anderen Räumen, die nur in zwei Farben gestaltet sind) stehen vereinzelte Akzente in kräftigen Farben gut zu Gesicht. Das kräftige Blau der Leuchten ist eine feste Größe, die Vase mit der Rose und die Schale mit den Trauben dagegen sind Variablen. Wie die meisten anderen Räume des Sommerhauses ist auch die Küche mit den Fenstern auf zwei Seiten so gestaltet, dass man beim Kochen und Essen stets die schöne Aussicht im Blick hat.

links: Der Frühstückstresen aus demselben Material wie die Arbeitsflächen ruht auf Stahlbeinen. Hier kann man schon beim Morgenkaffee den Blick übers Meer schweifen lassen.

unten: Wenn im Hochsommer die Klimaanlage mit den Außentemperaturen überfordert ist, beschatten dünne Rollos die Küche. Der grau gestrichene Betonboden, der sich durch alle Gemeinschaftsbereiche zieht, fühlt sich unter nackten Füßen angenehm kühl an.

Im Sommer muss man in Florida seinen Lebensstil dem Wetter anpassen. Mittags ist es manchmal zu heiß, um im Freien zu essen. Darum gibt es in vielen Häusern einen Essplatz im kühlen, klimatisierten Haus, an dem sich die Familie zum Mittagessen versammelt. In diesem Haus bieten die riesigen Fenster, die den Wohnbereich auf allen Seiten umschließen, einen fantastischen Blick. Auch die Möbel am Essplatz sind so gestellt, dass man ihn auskosten kann. Der Essplatz wirkt ähnlich grafisch und modern wie die Küche, weil das schwarz-weiße Farbkonzept hier fortgeführt wird. Der Tisch besteht aus einer dicken, schwarzen Holzplatte, die auf einem Stahlrohrgestell ruht. Zusammen mit den weißen Stühlen in fließender Form bildet er ein edles, aber unaufdringliches Ensemble. Für Farbakzente sorgt das Geschirr in Wasserblau und Rot, das eine optische Brücke zu dem Sessel im Hintergrund schlägt.

links: In einer schwarz-weiß gestalteten Küche braucht man nur ein bisschen Fantasie und Witz, um den Tisch originell zu decken. Geflochtene Bastsets bringen ein natürliches Element ins Spiel, während Teller und Schüssel in Rot, Schwarz und Blau für fröhliche Farben sorgen. Als originelle Dekoration wurden in der Mitte des Tisches Maiskolben drapiert und in jede Schüssel eine rote Chilischote gelegt.

rechts: Der Tisch ist für eine zwanglose Mahlzeit mit der Familie gedeckt. Abends sorgt eine Reihe von Glasleuchten für Licht, aber nicht für zusätzliche Farbe. Weingläser als Teelichthalter sind auch für ein Abendessen im Freien eine schöne Tischdekoration.

Ein Schuss Farbe

Kleine Räume wirken oft viel heiterer, wenn man eine Wand in einer interessanten Farbe streicht und alle anderen Oberflächen konsequent in Weiß gestaltet. Die farbige Fläche bildet ein gutes Gegengewicht zu starkem Sonnenlicht und gibt weißen Räumen, die manchmal etwas fade wirken können, mehr Charakter. Dieser Kunstgriff empfiehlt sich vor allem für Bäder und kleine Schlafzimmer. Dieses moderne Haus mit seinen Dachterrassen und großen Fenstern hat eine so schöne Aussicht, dass die zum Meer gelegenen Wohnräume ohne weitere Dekoration auskommen. Aus den seitlichen Fenstern dagegen schaut man auf die Nachbarhäuser. Um von diesem Anblick abzulenken, wurden die Räume in freundlichen Farben mit mediterranem Charakter gestaltet und an den Fenstern Jalousien montiert.

rechts: Für das kleine Gästezimmer wurde frisches Limettengrün gewählt, für das angrenzende Bad ein Mandarinenton. Die beiden Farben vertragen sich gut, weil sie einen ähnlichen Tonwert haben und die Holzelemente überall schneeweiß gestrichen sind.

unten links: Das kleine Duschbad wirkt durch die zitrusfrische Wandfarbe, die durch die schwarzen Schrankfronten und den weißen Waschtisch noch betont wird, ausgesprochen freundlich.

unten: Der Raumdesigner hat bestimmte Formelemente und Farbthemen überall im Haus wiederholt, um ein Gefühl der Kontinuität zu schaffen. So korrespondiert der runde Spiegel im Bad mit dem Bild über dem Bett, das mit unregelmäßigen Kreisausschnitten in Grau und Blau auf weißem Grund gestaltet ist.

Wer Lust auf eine gewagte Farben hat, sollte sich zuerst mit den Grundlagen der Farbtheorie beschäftigen. Es ist wesentlich einfacher, harmonische Farbkombinationen zusammenzustellen, wenn man eine Vorstellung von den Beziehungen der Farben zueinander hat, dabei ist der Farbkreis ein praktisches Hilfsmittel. Er basiert auf den drei Primärfarben Rot, Blau und Gelb. Mischt man zwei Primärfarben, ergeben sich die drei Sekundärfarben Orange (aus Rot und Gelb), Grün (aus Blau und Gelb) und Violett (aus Rot und Blau). Auf dem Farbkreis gehen die Farben fließend ineinander über und verändern in dem Maße ihren Charakter, in dem man mehr oder weniger von der benachbarten

Grundfarbe untermischt. Farben, die einander auf dem Farbkreis genau gegenüberliegen, nennt man Komplementärfarben. Orange und Blau, Rot und Grün oder Gelb und Violett sind solche Komplementärfarbenpaare. Sie bilden einen starken Kontrast, durch den sie sich gegenseitig betonen. Damit der Kontrast nicht zu unruhig wirkt, verwendet man am besten eine von ihnen als Hauptfarbe und die andere nur für Akzente. Auch die Lichtverhältnisse sind ein Kriterium. Nur Räume mit viel hellem Sonnenlicht vertragen solche starken Farben.

links: Eine ganze Wand in Orange fällt ins Auge. Dass sie hier nicht übermächtig wirkt, beruht auf verschiedenen Faktoren: Das Orange selbst wurde mit Weiß zu einem Mandarinenton abgedämpft. Teppich, Möbel, Tür und Fußleisten in Weiß und hellen Naturtönen wirken ebenfalls beruhigend. Und auch das große Bild in Schwarz-Weiß sorgt für optische Ausgewogenheit.

rechts: Die Accessoires in Blau zeigen, wie eine sparsam dosierte Komplementärfarbe eine warme Farbe wie Orange „abkühlen“ kann. Damit trotz der Farben die Aussicht vom Balkon die Hauptattraktion bleibt, ist der restliche Raum in schlichtem Weiß gestrichen.

Bei der Auswahl einer Farbe für einen ganzen Raum oder eine einzelne Wand sollten Sie sich niemals nur an der Farbmusterkarte des Herstellers orientieren. Die Muster sind viel zu klein, um die Wirkung auf einer großen Fläche bei verschiedenen Lichtverhältnissen zu beurteilen. Kaufen Sie lieber von drei Farben, die Ihnen gefallen, kleine Mengen, mit denen Sie große Pappen streichen. Diese können Sie in den Raum stellen und zu verschiedenen Tageszeiten begutachten. Je größer eine Farbfläche ist, desto kräftiger erscheint sie normalerweise. Im hellen Sonnenlicht wirken Farben heller, im Schatten dagegen dunkler. Solche Aspekte sollten Sie bei der Farbwahl bedenken. Verwenden Sie im Zweifelsfall immer eine Nuance heller, als Sie eigentlich wollen.

ganz links: An das blau-weiße Schlafzimmer schließt sich ein Bad mit einer Wanne im römischen Stil an, die mit dem blauen Mosaik wie ein einladender Mini-Pool wirkt.

links: In einem Schlafzimmer mit großen Fenstern möchte man nicht zu früh von der Morgensonne geweckt werden. Große Segeltuchvorhänge, die zugezogen über die ganze Wandbreite reichen, sind eine gute und unauffällige Lösung.

rechts. Vor dem hohen Fenster dieses Schlafzimmers in der zweiten Etage schimmert das Meer in allen Blautönen. Wellen brechen sich auf dem weißen Sand und über den Himmel segeln oft weiße Wolken. Diese Farben der Natur hat der Designer für eine Wand im Schlafzimmer aufgegriffen. Lebendig wird die kühle Farbkombination aber erst durch den Sessel in kräftigem Orange.

Kapitel vier

Textur trifft Weiß

Maurische Einflüsse

In Südafrika spielt sich das Leben im Sommer auf der Außenterrasse und am Swimmingpool ab. Abends stehen Bade- und Grillpartys auf dem Programm, die man hier „braais" nennt. Dieser Essplatz mit den rau verputzten Wänden ist an einer Seite von weiten Rundbögen im maurischen Stil durchbrochen. Die Eckbank bietet Schutz vor dem kräftigen Wind, der in der Kapregion auch im Sommer oft weht. Durch die dünne Schicht aus hellem Lehmputz, der mit den Jahren scheckig geworden ist, schimmern die Konturen der Mauersteine. Die Bänke und die Ruheliege sind aus Porenbetonblöcken gebaut und mit weißem Verputz überzogen, dessen polierte Oberfläche mit der Zeit feine Risse gebildet hat. Diese traditionelle Machart ist überall auf der Welt bekannt. Sie ist schlicht und unkompliziert, aber weil die Materialien eine so authentische Ausstrahlung besitzen, passt sie auch zu modernen Gebäuden ausgesprochen gut.

links: Die Holzlaterne ist ein Fundstück aus einem marokkanischen Souk. Ihr etwas ramponiertes Äußeres steuert eine weitere Textur bei, die gut zu dem weißen Metallornament an der Wand passt.

rechts: Die Sitzecke unter dem großen, weißen Sonnenschirm ist ein angenehm schattiger Platz für den Morgenkaffee oder die Pause am Nachmittag. Der angerostete Metalltisch spielt seine Rolle in dem vielschichtigen Ensemble.

Schlicht und chic

Der Wohnbereich in diesem großen Landhaus in Yserfontein (Südafrika) ist größtenteils in gebrochenen Weißtönen mit abwechslungsreichen Texturen gehalten. Nur der große Kelim im Ethno-Stil setzt einen warmen Farbakzent. Die Besitzer von „nglencok“ haben eine pragmatische Herangehensweise gewählt und das Haus aus schlichten Materialien gebaut, von denen jedes seinen ganz eigenen Oberflächencharakter besitzt: Stahlträger und Profilbleche, unverputzte Pfeiler aus Mauersteinen, ein Boden aus poliertem Beton und viel Glas. Der Gesamteindruck dieses Raums ist schlicht und zurückhaltend und auch die Möbel sind schnörkellos. Zwei komfortable Sofas mit leicht zerknitterten Leinenbezügen rahmen eine grob gezimmerte Holzbank ein, die als Couchtisch dient. Auf einer Seite steht ein antiker Sessel aus Indonesien.

Zusätzlichen Charakter bekommt der Raum durch den breiten, geschnitzten Holzfries aus Bali über dem Fenster und den Kristallkronleuchter an der Decke.

links: Der breite Dachvorsprung, der sich über die gesamte Länge des Hauses zieht, beschattet die großen Fenster des Wohnzimmers und schützt vor Regen.

oben rechts: Von dem Dach aus Metallprofilen, wie sie normalerweise für landwirtschaftliche Nutzgebäude verwendet werden, fließt der Regen schnell ab. Der glitzernde Kristallkronleuchter ist ein witziges Accessoire, weil er vordergründig im Widerspruch zu der Industrieästhetik steht.

Verblichenes Holz

Es macht Spaß, mit Freunden oder Familie an freien Tagen draußen zu essen – am liebsten an einem schattigen, windgeschützten Platz. Auf einer Loggia, unter einem breiten Dachüberstand oder einer Markise aus Segeltuch sitzt es sich angenehm, aber noch viel schöner ist es unter einem Baum, dessen Blattwerk im Sonnenlicht ein Muster wirft, das sich ständig verändert. Gartenmöbel aus Teakholz nehmen, wenn sie einige Jahre lang Wind und Sonne ausgesetzt sind, eine wunderschöne, hell silbrig-graue Färbung an. Wer nicht so lange warten mag, kann auch auf die Suche nach gut erhaltenen, gebrauchten Teakmöbeln gehen. Wenn man das Holz nicht ölt, bilden sich in seiner Oberfläche feine Risse, die aber keine gravierenden Schäden darstellen, sondern den Charakter des Materials verstärken. Auf diesem Tisch sind noch Spuren eines alten Anstrichs zu ahnen, darunter kommt die silbrige Patina zutage.

oben links: Unter dem Baum steht ein antiker Vogelkäfig aus Goa. Die Konstruktion aus dünnem Draht und Holz bildet mit der rauen Baumrinde ein abwechslungsreiches Ensemble aus Schatten und Texturen.

links: Frisches Brot, Salat und ein Teller mit frischen Tomaten – das genügt für eine einfache, aber appetitliche Mahlzeit. Die Dekortechnik des Tellers im afrikanischen Stil nennt man Sgraffito. Das Muster ist in die dunkle Glasur geritzt, sodass darunter der Grundton zum Vorschein kommt.

rechts: Tisch und Stühle stehen im Schatten einer uralten Mimose. Zum vielschichtigen Mix der Texturen gehört auch der leise knirschende Sand auf dem Boden.

Nur das Wesentliche

Der Besitzer hat das Haus mit dem Architekten Anthony Tulleken als Kreuzung zwischen Lagerhaus und Scheune konzipiert. Sie verzichteten bewusst darauf, Struktur- und Funktionselemente zu verstecken. Derbe Baustoffe und die für eine Wohnumgebung untypischen Materialien sollten zur rauen Umgebung des Hauses im südafrikanischen „Fynbos“ mit seiner niedrigen Vegetation passen.

Im hohen, zentralen Flur des Hauses lässt das Sonnenlicht den Boden aus poliertem Beton bis ins Bad hinein schimmern und bildet einen ungewöhnlichen Kontrast zu der Wand aus Bruchschiefer, dem weißen Waschbecken und dem verschnörkelten Spiegel davor. Hochgelegene Fenster betonen die Deckenhöhe und halten die Räume kühl. Die nackten Backstein- und Schieferwände, die Türrahmen aus dunklem Holz, die afrikanischen Skulpturen und die antike Truhe wirken dank des facettenreichen Lichts und den Details in Weiß alles andere als düster.

links: Ein vergoldeter Putto schwebt an der Decke und hält zwei glitzernde Kristallleuchten. Solche verspielten Details sorgen dafür, dass das Industrieambiente nicht kalt wirkt.

rechts: Als Wasserhahn dient ein simples, in Form gebogenes Kupferrohr. Es bildet einen witzigen Kontrast zu dem weiß gestrichenen, reich verzierten Spiegel, den die Bewohner in einem Antiquitätengeschäft in Kapstadt entdeckt haben.

links: Vom Flur mit dem polierten Betonboden führt eine Treppe gleicher Oberfläche nach oben. Die glatten Stufen, auf denen sich das Licht spiegelt, heben sich attraktiv gegen die raue Backsteinmauer ab. Allein die Texturen bilden – fast ohne Zutun von Farbe – ein abwechslungsreiches Bild.

rechts: Als Handlauf an der Treppe dienen mit Lederstreifen zusammengebundene Stücke einer Urwaldliane, die sich beim Trocknen spiralförmig verdreht. Sie stammen aus einem Urlaub in Sumatra.

Überall im Haus entdeckt man ungewöhnliche Materialien und Texturen, einheimisches Kunsthandwerk und edlere Kunstobjekte. Ein Rundgang durch das Haus wird zur spannenden Entdeckungsreise. Das Bad im Erdgeschoss hat etwas Höhlenhaftes. Die Stirnwand ist mit unregelmäßigen Streifen aus Schiefer verkleidet, die in waagerechten Reihen in den Verputz gesetzt sind. Wenn die Nachmittagssonne schräg durch die Jalousien fällt, leuchtet der Schiefer aus Paarl in der südafrikanischen Provinz Westkap in den unterschiedlichsten Farben. Durch den Kontrast zum glatten Weiß der Wanne und ihres Sockels wirkt die Textur des Schiefers noch lebendiger und facettenreicher.

links: Wände und Boden der Dusche sind in einem hellen Cremeton verputzt, die Trennwand aus Glas ist in einen alten Holzbalken eingesetzt. Das glatte Glas und der leicht scheckige, schwach glänzende Verputz geben einen ruhigen Hintergrund für die antike Holztür aus Java ab.

rechts: Zwei moderne, weiße Vasen bilden ein eigenwilliges Stillleben vor der rauen Schieferwand. Sie hellen die Ecke auf, weil sie das Licht reflektieren.

Klare Grenzen

Die verschiedenen Texturen und Tonwerte ziehen klare visuelle Grenzen zwischen dem Bad, das sich an das Schlafzimmer anschließt. Die frei stehende Wand dient als Kopfteil für das Bett und bildet auf der anderen Seite die Rückwand der Dusche. Sie ist mit einem hellen, seidig glänzenden Verputz überzogen, der für den dunklen Paravent mit der spitzenzart durchbrochenen Holzschnitzerei einen ruhigen, kontrastreichen Hintergrund abgibt. Durch die Kombination dieser beiden Elemente kommen die besonderen Merkmale jedes einzelnen perfekt zur Geltung.

links: Die Dusche mit ihren unverkleideten Kupferrohren und den schlichten Armaturen besitzt einen rustikalen Charme. Genau das war es, was Besitzer und Designer durch den ungewöhnlichen Mix von ländlichen und industriellen Elementen erreichen wollten.

rechts: Raumteiler erzeugen manchmal tote Winkel. In diesem Schlafzimmer sorgt der offene Grundriss aber für eine gute Luftzirkulation, die in den warmen Sommernächten Südafrikas sehr wünschenswert ist.

Coconut Grove

Der Architekt Max Strang hat in Coconut Grove, nur wenige Kilometer von den Wolkenkratzern in Miamis Innenstadt entfernt, ein außergewöhnliches Wohnhaus für seine Familie gebaut. Es liegt in einem über 400 Quadratmeter großen Garten, in dem man sich fühlt wie mitten im Dschungel Südostasiens. Das lange, schmale Haus ist einerseits von der Florida Sarasota School of Architecture inspiriert und andererseits von den traditionellen indonesischen Langhäusern. Strang selbst ist in einem Haus aufgewachsen, das von Gene Leedy entworfen wurde, einem der Gründerväter der Sarasota School, die sich ihrerseits auf das Bauhaus bezieht. Es bestand aus einer Basiskonstruktion von Stahlträgern und war mit hellem Kalksandstein verkleidet, ähnlich wie sein eigenes Haus.

links: Das Haus mit dem experimentellen Design kauert sich zwischen üppige Palmwedel und riesige Bananenblätter – ganz im Sinne des architektonischen Credo, dass die Landschaft den Charakter eines Gebäudes unterstreichen soll.

rechts: Das kleine Cottage, das hier ursprünglich stand, hat seine Spuren hinterlassen. Die Strangs haben seine Fundamente für mehrere Swimmingpools genutzt, darunter ein beheiztes Bassin und eine Schwimmbahn. Die Einfassungen bestehen aus Keystone, einem körnigen, einheimischen Gestein aus versteinerten Korallen.

Leben wie auf Bali

Auf der offenen Terrasse in der ersten Etage kann man an feucht-warmen Sommerabenden zwischen Bananenpflanzen und Bambus entspannen. Der Holzboden besteht aus Ipé, einem indonesischen Hartholz aus nachhaltiger Forstwirtschaft. Nach den für Miami typischen heftigen Regengüssen trocknet es schnell ab. Die Draußensaison dauert hier etwa acht Monate, darum ist in einer der drei im Zentrum der Anlage gelegenen „Kabinen" aus weiß gestrichenem Bootsbausperrholz auch eine Sommerküche eingebaut. Die Sessel und Sofas aus Bananenblättern stammen aus Indonesien. Ihre natürlichen Texturen passen perfekt in dieses Design, das eng an die Natur angelehnt ist.

unten: Wie eng die Beziehung zwischen der natürlichen Umgebung und dem Wohnraum ist, spürt man, wenn kleine Eidechsen über die Terrasse huschen oder Vögel auf Augenhöhe durch das Grün flattern.

rechts: Die rostige Badewanne stammt aus dem kleinen Häuschen aus den 1920er-Jahren, in dem die Familie während der zweijährigen Bauzeit des Hauses wohnte. Jetzt dient sie dazu, bei Festen Bier und Sekt zu kühlen – oder die Hunde zu baden.

unten: Weiße Paneele und Sitzkissen leuchten inmitten der natürlichen Texturen und Schatten auf der Terrasse. Der Sitzbereich könnte ohne das reflektierende Weiß leicht etwas düster wirken.

Aufgearbeitetes Teakholz, uralte Bänke, Vasen aus Palmenstämmen und moderne balinesische Schnitzereien haben auf der Terrasse und im Haus ihren Platz gefunden. Im Jahre 2005 haben die Strangs eine Reise nach Indonesien unternommen, um Kunsthandwerk und neue und alte Möbel einzukaufen. Sie ließen ihre Schätze in einem Container per Schiff nach Florida transportieren. Die indonesischen Möbel wirken in diesem modernen, offenen Haus mit der klaren Liniensprache weder dominant noch vermitteln sie einen überzogenen Ethno-Stil. Der Esstisch und die Bänke sind solide und groß, doch die Wohnbereiche sind so weitläufig, dass sie nicht zu wuchtig wirken. Das dunkle tropische Hartholz

links: Am Esstisch auf der Veranda nimmt man auf zwei uralten Bänken Platz. Der Tisch ist aus recyceltem Teak gebaut. Wegen des feuchtwarmen Klimas lebt die Familie den Großteil des Jahres im Freien und schätzt das kühle, schattige „Sommer-Esszimmer“ sehr.

harmoniert ausgezeichnet mit dem üppigen, exotischen Grün jenseits der Terrassenbrüstung.

Wichtige Impulse für seine Arbeit fand Max Strang in den Bauten des Architekten Geoffrey Bawa aus Sri Lanka, dessen Stil dazu einlädt, Klima und Landschaft der Tropen mit allen Sinnen zu genießen. Die für Bawa typischen offenen, luftigen Konstruktionen sind darauf angelegt, die Wahrnehmung der natürlichen Umgebung zu verstärken. Diese Zielsetzung ist auch bei der Gestaltung des bemerkenswerten Hauses in Coconut Grove deutlich zu erkennen.

rechts: Nirgends beeinflussen Klima und Umgebung die Architektur stärker als in den Tropen. Exotische Pflanzen wachsen nicht nur ums Haus, sie werden auch hereingeholt – zum Beispiel als Tischdekoration.

links: Überall im Haus sieht man weiß gestrichene Paneele, die interessanter wirken als glatte Wände und die Proportionen der Räume gut zur Geltung bringen. Viele alte Häuser am Ort sind auf diese Weise getäfelt – auch das Häuschen, das früher auf diesem Grundstück stand. Weil sie so zeitlos wirken, haben die Strangs sich auch in ihrem neuen Haus für solche Paneele entschieden.

rechts: Der schöne Charakter der langen, offenen Terrasse beruht ganz auf dem vielschichtigen, aber nicht unruhigen Kontrast der verschiedenen Texturen: angerostete Eisenträger, ein Boden aus silbrigem Ipé, Kanten aus einheimischem Keystone und weiß gestrichene Profil-Paneele.

Rau und glatt

Die authentische Wirkung von Materialien wie Stein, Holz, Beton oder Glas hängt davon ab, welchen Stellenwert sie in einer Einrichtung einnehmen dürfen. Eine Kaminfront aus rauem, einheimischem Naturstein ist nüchtern betrachtet ein Teil der Bausubstanz, doch wenn sie unverputzt bleibt, erzählt sie auch von der örtlichen Umgebung und Bautradition. Wann immer in Coconut Grove Boden für ein Fundament ausgehoben wird, kommt einheimischer Oolith zutage, der seit Generationen als Baumaterial verwendet wird. Das Sedimentgestein ist anfangs weiß, nimmt aber durch Kontakt mit Luftsauerstoff innerhalb weniger Monate einen Ockerton an. Die Strangs haben ihn im Innen- und Außenbereich ihres Hauses verwendet – einerseits wegen seiner interessanten Textur und Farbe, andererseits, weil für einheimische Materialien nur geringe Transportkosten anfallen.

unten links: Durch die großen Fenster fällt viel Licht auf die raue Steinoberfläche und die geometrischen Paneele der Täfelung. Erst durch den Kontrast kommen die natürlichen Texturen des Gesteins optimal zur Geltung.

rechts: Das gesamte Erdgeschoss hat einen Betonboden. Weil er poliert und mit einer Hochglanzversiegelung überzogen wurde, sieht er ausgesprochen edel aus.

unten: An keinem Platz im Haus ist man mehr als 3,5 Meter von einem Fenster entfernt, durch das man den tropischen Garten bewundern kann. Die ebenholzschwarz lasierten Fensterrahmen korrespondieren mit den geometrischen Profilen der weißen Täfelung.

Weiß und Holz

Die Decken im Schlafzimmer und dem angrenzenden Bad sind fast drei Meter hoch, darum wurde hier die Täfelung so gestaltet, dass sie die Räume optisch niedriger wirken lässt. Eine Querteilung, die sich in einer der Quersprossen der wandhohen Fenster fortsetzt, lässt den Blick mühelos über die Wand gleiten und lenkt von der Deckenhöhe ab. Auch im Bad sorgt eine markante, weiße Querlinie in der lasierten Holztäfelung hinter der Wanne dafür, dass der Raum nicht überproportional hoch wirkt. Die bewusste Betonung der Waagerechten ist ein bewährter Gestaltungstrick: Sie zieht die Wände optisch in die Breite und vermittelt dadurch das Gefühl von ausgewogenen Proportionen. Die Wand am Kopfende des Bettes ist im gleichen Ebenholzton lasiert wie die Fensterrahmen.

links: Vor dem dunklen Hintergrund leuchten die dezenten Profilleisten der Täfelung und die weiße Bettwäsche umso strahlender.

rechts: Die nussbraun lasierte Täfelung hinter der Wanne wirkt wärmer und ruhiger als das Schwarz hinter dem Bett und lässt auch die schöne Holzmaserung stärker durchschimmern. Die leicht abgestoßene, alte Badewanne stammt aus dem Haus, das vorher auf dem Grundstück stand.

Riverhouse

links: Der ungewöhnliche Poolbereich mit dem Wasserfall, der aus der Hauswand sprudelt, ist mit Steinen aus Hout Bay kurvig wie ein Flussbett angelegt. Die Wände sind mit grob gehauenem Sandstein verkleidet, der in der Sonne hell schimmert.

unten rechts: Die Dusche ist so gerundet wie alle Räume im Haus. Der Zementputz auf seinen Wänden wurde von Hand aufgetragen. Aus der Dusche hat man einen sagenhaften Blick auf die Berge und einen Wasserfall im Naturschutzgebiet.

Unten: Von der Dusche sind es nur wenige Schritte zu dem blauen Wasser des natürlichen Beckens weiter unten. Die Glaswand löst die Grenzen zwischen Innen- und Außenraum nahezu auf.

Am Hang über der Hout Bay bei Kapstadt liegt in der Nähe des Oranjekloof-Naturschutzgebietes am Fluss Disa ein außergewöhnliches Haus mit einer unverbaubaren Aussicht auf Wald und Berge. Entworfen wurde es von Lisa May, die sich mit Naturheilkunde und ganzheitlicher Gesundheit beschäftigt. Ein sorgfältig ausgesuchtes Team einheimischer Handwerker und ein deutsches Bauunternehmen waren an dem Bau beteiligt, der drei Jahre in Anspruch nahm. Das Riverhouse wirkt, als sei es natürlich aus dem Boden gewachsen. Gerade Linien sucht man vergeblich. Die kurvigen Konturen des Hauses und die Texturen von Stein und Holz sind wie geschaffen für seinen Zweck: Meditation und Entspannung.

Afrikanisches Schilf hat in der Kapregion lange Tradition als Bedachungsmaterial, weil es gegen sommerliche Hitze ebenso gut isoliert wie gegen winterliche Kälte. Die dicken Schilflagen lassen Regenwasser gut ablaufen und schützen vor der sengenden Sonne. Der Dachbau ist eine alte Kunst und die Konstruktion des Dachstuhls für ein rundes oder geschwungenes Dach erfordert besondere Erfahrung. May stellte sich – inspiriert von den spirituellen Ideen des Architekten Antonio Gaudí, des Philosophen Rudolf Steiner und des Psychiaters Carl Jung – ein kurvenreiches Dach vor. Es erforderte viele Stunden der Planung und Überlegung, bis die Idee umgesetzt werden konnte. Das ortsübliche Material für Dachstühle ist Pappelholz, doch in diesem Fall entschied man sich für das weitaus härtere Sarinta und verarbeitete die Stämme so, wie sie gewachsen waren.

rechts: Viele der Schränke in den Schlafräumen sind aus Bambus gebaut, der in der Umgebung des Hauses wächst. Seine lebhafte Textur ähnelt dem von innen sichtbaren Schilfdach.

unten links: Wenn es im Sommer heiß ist, zieht May in die Laube, die keine Wände hat, sondern nur ein ausladendes Schilfdach auf Sarinta-Stämmen. Im kühlen Wind, der vom Fluss weht, kann man gut arbeiten. Der helle Holzboden reflektiert das Sonnenlicht nach oben gegen das Schilfdach.

unten: Aus dem Schlafzimmer hat man einen herrlichen Ausblick in die unberührte Natur des Oranjekloof-Naturschutzgebietes. Die Glasscheiben mussten einzeln in die von Hand behauenen Fensterrahmen eingepasst werden.

Organische Formen

Schon wenn man sich dem Vordereingang des Hauses nähert, fällt sein ungewöhnliches Konzept ins Auge. Der glatte Lehmputz der Wände ist von rauen Sandstein-Elementen und kleinen, völlig unterschiedlichen Fenstern unterbrochen. Durch seine Formen und Materialien wirkt das Haus in höchstem Maße individuell. An der Entwicklung des Konzeptes war auch der Designer John Barrett beteiligt, dessen Arbeiten – stets umweltfreundlich und aus nachhaltigen Materialien gebaut – von einem Walfängerhäuschen am Strand von Church Haven bis zu einem ganzen Dorf im Big Five Game Reserve umfassen. Durch einen breiten, runden Eingang betritt man einen schattigen Vorraum mit Sandsteinverkleidung und gelangt zu einer modernen Glastür, umrahmt von knorrigen Baumstämmen. Viele der anspruchsvollen Holzarbeiten wurden von dem Tischler Craig Bromwell ausgeführt. Fenster, Türen und Türrahmen sind von Hand aus verschiedenen Hölzern hergestellt und nur geölt.

rechts: Der glatte Lehmputz der Wände entwickelt durch Witterungseinflüsse langsam ein Muster aus feinen Rissen und unregelmäßigen Verfärbungen.

Die Konstruktion des Riverhouse konnte nur in sehr enger Zusammenarbeit der Handwerker und Designer verwirklicht werden. Natürlich mussten die organischen Formen auch ihre praktischen Funktionen erfüllen, darum suchte May Handwerker aus, die nicht nur kompetent, sondern vor allem kreativ sind. Statiker und Maurer, Installateure und Putzer waren gleichermaßen in die Entstehung des Hauses eingebunden, darum bezeichnet May das Endergebnis als „Co-Kreation". Der eindrucksvoll hohe Wohnbereich, in dem der individuelle Charakter jedes Baums, Astes und Steins seine Rolle für das natürliche Gesamtbild spielt, ist ein Musterbeispiel für diese erfolgreiche Zusammenarbeit.

links: Jede Stufe der Treppe zum Obergeschoss besteht aus einem dicken Pinienbalken. Die sternförmige Leuchte im Flur, die man durch die Öffnung unter der Treppe sieht, ist aus naturbelassenem Bambus gefertigt.

rechts: Die ungemein enge Beziehung des Hauses zur Landschaft ist überall in den Formen und Texturen zu spüren. Ein Stützpfosten mitten im Haus besteht aus dem Stamm eines hundertjährigen Baumes, der im Garten stand und abzusterben begann.

links: Während der Bauzeit des Hauses lebte Lisa May mit ihrer Familie in einem Nebengebäude mit fünf Schlafräumen, das eigens für diesen Zweck kostengünstig aus recycelten und gebrauchten Materialien gebaut worden war. Über der im Boden eingesenkten Wanne ist eine herkömmliche Duschbrause installiert, aber das Badewasser strömt frei aus einem ausgefallenen Stahl-Auslass.

rechts: Die Wände im Nebengebäude sind mit Naturfarben von dem südafrikanischen Unternehmen Earthcote gestrichen, die den Oberflächen einen matten, weichen Charakter geben. Die Wanne ist auf einer Seite mit dem Relief einer zusammengerollten Schlange verziert, ein Symbol für Schutz, Fruchtbarkeit und die Erdgöttin Gaia.

Schicker Schuppen

Die Küche im Nebengebäude, in dem jetzt Gäste einquartiert werden, wurde aus recycelten Backsteinen, Schieferplatten und Wellblech gebaut. Durch diese Materialien wirkt sie zusammen mit dem neuen Gasherd und dem gängigen weißen Spülbecken kompromisslos zweckmäßig. Ihr Charme beruht vor allem darauf, dass man auf den alten Ziegeln und den grob gezimmerten Rahmen der Schranktüren, hinter die schlichtes Wellblech genagelt wurde, noch Spuren der vorherigen Anstriche sieht. Holzregale, die an dünnen Drahtseilen am Dachbalken aufgehängt sind, bieten gleichzeitig Abstellfläche und eine Lösung für das Problem der Beleuchtung: An verchromten Stangen auf ihren Unterseiten sind verstellbare Strahler befestigt.

links: An den Oberlichtern im Dach ist ein feiner Gitterstoff befestigt und am hohen Fenster über der Doppelspüle hängt ein Perlenvorhang. Beide dienen dazu, das grelle Sonnenlicht einerseits zu filtern, es aber andererseits auf den Oberflächen schimmern zu lassen.

unten: Die Rahmen der Schränke sind von Hand gebaut, und keiner gleicht seinem Nachbarn. Der Stützpfeiler in der Ecke war einmal ein Dalben im Hafen von Kapstadt. Auf der Seite der Schränke wurde als zusätzliche Lichtquelle für die Küche ein winziger Innenhof um einen Baum herumgebaut.

Karibik in Afrika

Das Fischerdorf Kalk Bay liegt ein Stück südlich von Kapstadt. Dass es zurzeit im Trend liegt, erkennt man an den zahlreichen Antiquitätengeschäften, Kunsthandwerkbetrieben, Cafés etc. Zu den originellsten Restaurants gehört das „Cape to Cuba“, wo abends kubanische Musik und authentische Küche geboten werden. Es wurde in einem alten Eisenbahn-Magazin eingerichtet. Das witzige Interieur mit alten kubanischen Möbeln sorgt für seine lässige Atmosphäre.

links: Auf der Terrasse mit einem Boden aus weichem Sand steht ein angerosteter Tisch unter einer vertrockneten Palme, die als Sonnenschirm dient. Die verwitterten weißen Oberflächen der alten Möbel und Pflanzkübel heben sich vor der kubanischen Flagge ab, die mit lockerer Hand auf einen Bretterzaun gemalt ist.

rechts: Der alte Lattenstuhl war einmal himmelblau, aber mit den Jahren ist der Anstrich weitgehend abgeblättert. Auch der Tisch hat schon bessere Zeiten gesehen. Das Ensemble spielt gekonnt auf die verblichene Pracht von Havanna an.

oben: Eine reich verzierte marokkanische Laterne mit einer Kerze genügt, um die romantisch verschnörkelte Aluminium-Laube am Abend zu beleuchten.

links: Der Designer dieses Gartens auf einem Hanggrundstück in Kapstadt hat einen Sitzplatz auf einer Holzplattform eingerichtet, auf den man vom Hauptgarten aus über eine Hängebrücke gelangt. Das Sonnenlicht, das durch die Bäume fällt, wird von der weißen Brücke und dem glänzenden Metall der Laube reflektiert.

Sommerleben

Im Sommer möchte man möglichst viel Zeit im Freien verbringen und die Natur genießen. Statt im Haus sitzt man lieber an einem schattigen Platz unter Bäumen oder streckt sich in einer windgeschützten Ecke aus, um die wohlige Wärme der ersten Sonnenstrahlen zu genießen. Am besten gelingt das in einem geschickt angelegten Garten mit Bereichen für verschiedene Aktivitäten. Eine schattige Terrasse mit Platten oder Blockpflaster bietet sich für einen Essplatz im Freien an, und auf einem sonnigen Rasen oder Holzdeck sind Liegestühle gut aufgehoben.

Wer einen Garten neu anlegt oder einen bestehenden umgestaltet, sollte unbedingt „in die Höhe denken". Lauben, Spaliere und Pergolen, die mit Wein, Clematis oder anderen Kletterpflanzen begrünt sind, spenden angenehmen Schatten. Eine Pergola oder ein Spalier kann man aus Holz leicht selbst bauen. Lauben und Rankbögen aus Metall gibt es in vielen Ausfertigungen als Bausatz zu kaufen. Solche Elemente lenken den Blick in die Höhe und sorgen dafür, dass der Garten in seiner Dreidimensionalität wahrgenommen wird. Das ist besonders vorteilhaft, wenn der Garten neben einem höheren Haus liegt. Will man einen kleinen Garten größer wirken lassen, ist es ratsam, einen Blickfang zu schaffen, beispielsweise einen Pavillon am Ende eines Weges.

oben rechts: Der alte Tisch aus Kiefernholz war lange Zeit Sonne und Regen ausgesetzt. Seine verblichene Oberfläche mit den tiefen Rissen hat eine interessante Textur bekommen.

rechts: Der Hof ist mit dekorativen weißen Steinen gepflastert. An dem Esstisch im Schatten der mediterranen Pflanzen bleibt man gern ein bisschen länger sitzen.

Adressen

Architekten
Earth Temple,
Cape Town
www.earthtemple.co.za

Max Strang Architecture,
Miami: www.
strangarchitecture. com

McWhorter Architects,
PA, Florida: www.
mcwhorterarchitects. com

Dachziegeln
Bisazza tiles
www.bisazza.com

Deckenventilatoren
The Modern Fan Co.
www.modernfan.com

Farben
Earthcote paints
www.earthcote.co.za

Pecky Cypress, Florida
www.cajuncypress.com/
PeckyCypress

Superdeck Woodstain
www.superdeck.com

Gartenarchitekten
Raymond Jungles, Miami
www.raymondjungles.com

Rosemary Beach
Dana Hicks
001/ 850 543 5150

Indonesische Möbel
ebay: www.ebay.com

Old teak: www.oldteak.co.uk

Teak Collection USA
www.teak-collection.com

Lombok: www.lombok.co.uk

Interior Design
Ganeaux Designs Inc.
+1 850 622 3838

Libby Sims-Patrick
www.simspatrickstudio.com

Küchen
Bulthaup kitchens
www.bulthaup.com

Kunst
Miami Art Museum
www.miamiartmuseum.org

Richard Misrach
www.artnet.com

Leuchten
Artemide
www.artemide.com

Iconic Lights
www.iconiclights.co.uk

Möbel
Adirondack chairs from
Dekkers and Darling
www.dekkersanddarling.
com

CB2: www.cb2.com

Venus bar stools
www.atlanticshopping.co.uk

Verner Panton
www.vernerpanton.com

Reetdächer
Thatchsure, Cape Town
www.thatchsure.com

Stoffe
Laura Ashley
www.lauraashley.com
www.lauraashley-usa. com

Ian Mankin, for gingham
www.ianmankin.com

Sunbrella:
www.sailrite.com

Ultrasuede
www.ultrasuede.com

Tadelakt
Africa Avy
www.africavy.com/
tadelaktcourses.html

Artesana LLC
www.artesanahome.com

Mike Wye & Associates
www.mikewye.co.uk

Wohnaccessoires
Mooi
www.ambientedirect.com

Mr Price
www.mrpricehome.co.za

Die Foto-Locations

Kykladen-Weiß
Cyrene, Seite 14–15, 34–37
Villa Io, Seite 18–25, 38–39
Blue Angel Villa, Seite 8–9,
26–33

Modernes Weiß
Candace and Jamey Price,
Seite 40–49
Ken Ganeaux and Keith
Flippo, Seite 58–59
Terence Riley and John
Bennett, Seite 50–56
Jeff Morr, Seite 60–64
Falcon's Eye, Seite 66–69
Boutique Manolo, Seite 70–78

Maritimes Weiß
Sunset Beach Guest
House, Seite 80–88
Grayton, Strandhaus,
Seite 90–95
Destin, Strandhaus,
Seite 96–113

Textur trifft Weiß
Inglenook, Seite 114–129
Max und Tamara Strang,
Seite 130–141
Riverhouse, Seite 142–153
Cape to Cuba, Seite
154–155
Falcon's Eye, Seite 156–157

Vermietung von Häusern und Ferienhäusern

Smaragdküste, Florida
Premier Property Group
www.thepremierproperty
group.com

Santorin
(auch Villa Io und Blue Angel
Villa)
www.luxuryretreats.com

Cyrene und andere
www.greekhabitat.com

Kapstadt und Umgebung
Boutique Manolo, Cape
Town www.boutique-
manolo.co.za

Inglenook, Yserfontein
www.capestay.co.za/
inglenook

Riverside Retreat
Zen-Massagen,
ganzheitliches
Wellness-Konzept,
Ernährungsberatung
lisamay@telkomsa.com

Sunset Beach Guest
House, Kommetjie
www.sunsetbeach.co.za

The Walden House,
Kapstadt www.walden-
house.com

Register

Dank

Ich bedanke mich bei allen, die mich bei der Arbeit an diesem spannenden Buch und bei der Suche nach Häusern in Fort Walton Beach, Miami, Santorin und Kapstadt unterstützt haben.

Vielen Dank an Carey McWhorter, Abby Kellett, Tara Sloggett, George Alexandrou bei Luxury Retreats und Lisa Martin bei Amazing Spaces. Ohne euch wäre es mir nur schlecht oder gar nicht gelungen, eine solche Bandbreite einzigartiger und faszinierender Häuser zu finden.

Vielen Dank für die großzügige Erlaubnis zum Fotografieren in den Privathäusern von Terri de Sanary, Candace und Jamey Price, Ken Ganeaux und Keith Flippo, Andrew King und Carey Hero King, Royce Kershaw, Jeff Morr, Terence Riley und John Bennett sowie Max und Tamara Strang. Besten Dank an Ester Clark und Brigitte, die uns abholten und Zugang zur Villa Io und der Blue Angel Villa gewährten, ebenso an Charlotte, Dave und Ingemar, die uns im Sunset Beach Guest House willkommen hießen.

Vielen Dank an meine Lektorin Gillian Haslam für ihre Beratung, an Christine Wood für das großartige Layout und an die Bildredakteurin Sally Powell. Und wie immer bedanke ich mich auch herzlich bei meiner Verlegerin Cindy Richards für ihre Unterstützung bei diesem und anderen Projekten.

Besonderer Dank geht an Mark Scott, der mit seinen wunderbaren Fotos einen wichtigen Beitrag zu diesem inspirierenden Buch geleistet hat.

step-by-step

Decorative Painting
for the home

step-by-step

Decorative Painting for the home

Pat Osborne

TED SMART

DEDICATION

This book is dedicated to my late parents, Betty and Tom, who were always there for me, and to my partner Mark for his unconditional support.

This edition produced for The Book People Ltd
Hall Wood Avenue
Haydock
St Helens WA11 9UL

First published in 2003 by
New Holland Publishers (UK) Ltd
London · Cape Town · Sydney · Auckland

Garfield House, 86–88 Edgware Road,
London W2 2EA
United Kingdom
www.newhollandpublishers.com

80 McKenzie Street
Cape Town 8001
South Africa

Level 1, Unit 4, 14 Aquatic Drive
Frenchs Forest
NSW 2086, Australia

218 Lake Road
Northcote
Auckland
New Zealand

ISBN 1 84330 793 6

Senior Editor: Clare Sayer
Photographer: Shona Wood
Editorial Direction: Rosemary Wilkinson

10 9 8 7 6 5 4 3 2 1

Reproduction by
Pica Digital Pte., Singapore
Printed and bound in Malaysia by
Times Offset (M) Sdn. Bnd.

Acknowledgments

Special thanks go to Carol Sykes, DecoArt's UK Helping Artist Coordinator, for introducing me to decorative painting and to Stephanie Weightman of NCW Ltd/Plaid for her encouragement. They have both contributed projects to this book. I would also like to thank the other contributing artists: Ann Myers, Cynthia Horsfield, Paula Haley, Cathryn Wood and Beth Blinston.

Grateful thanks go to DecoArt, Plaid, NCW Ltd, Vale Woodcraft, Stencil House, Scumble Goosie, Walnut Hollow, Ikea, Raphael and Harvey Baker for providing products and props for photography. For more information see page 95.

Last, but not least, many thanks to the following artists who agreed to let their work feature in the Gallery pages of this book: Priscilla Hauser, one of my favourite artists, and Liz Bramhall.

CONTACT DETAILS FOR CONTRIBUTING ARTISTS:

Beth Blinston: www.blinston.homestead.com

Liz Bramhall: Tel: 0114 288 4299

Paula Haley: Tel: 01484 423 641

Priscilla Hauser: www.priscillahauser.com

Cynthia Horsfield: cynthia_horsfield@lineone.net

Ann Myers: Tel: 01609 777 787

Pat Osborne: pat@ukart.com; www.patosborne.co.uk

Carol Sykes: carolsykes@yahoo.co.uk; www.carolsykes.co.uk

Stephanie Weightman: sales@ncw.co.uk; www.ukonestroke.com

Cathryn Wood: www.cathryns.co.uk

Contents

Introduction

Decorative painting is as old as mankind itself and the desire to adorn our living space is what makes us different from other species. From cave-dwellers and ancient Egyptians to present-day home improvers, people have been decorating their homes in one way or another for years as a means of stamping their individuality. Over the centuries many distinctive styles have evolved, some particular to specific countries or regions.

My first flirtation with decorative painting began many years ago. At the time, the range of products available was quite limited and my efforts often ended in frustration. By comparison, today's modern products are really easy to work with and the vast range for different uses is almost limitless, making the exciting world of decorative painting all the easier to achieve.

You do not have to be an expert artist to take up decorative painting and often the simplest designs are the most effective. Most modern day decorative painting is worked by tracing designs from books or pattern packs, which is a great way to get started. However, the satisfaction you will gain from creating something individual will inspire you to develop your skills. It is most definitely a learnable art form – the basic brushstrokes can be picked up and then grouped together in much the same way that we learn our alphabet as children and group the letters together to form words.

Decorative Painting for the Home is intended as a basic guide for the beginner who wants to learn this popular craft. The "Getting Started" section tells you everything you need to know about materials and equipment, preparing surfaces, transferring designs and basic painting techniques. The projects range in style from simple pieces, which are perfect for the complete beginner, such as the tulip watering can, to more challenging projects such as the beautiful floral screen. You will find all the inspiration and advice you need to create beautiful, original items for your home.

Happy painting!

Getting Started

Choosing items to paint

As with any hobby, it is possible to be overcome with enthusiasm and rush out and spend a fortune buying all sorts of equipment, paints and other items that you might never use. If you are a beginner you will need to experiment with a few simple projects to find out what you like doing and the best way of going about this is to hunt around the home for suitable things to paint.

The projects in this book cover a range of different surfaces – from wood and medium density fibreboard (MDF) to ceramics, metal and plastic. Waste-bins, trinket boxes, plant pots, lamp bases, hairbrush backs, chairs, stools and trays can all be transformed into wonderful painted items, and you will soon find yourself painting anything that doesn't move! Car boot sales and garage sales are ideal opportunities for finding "one-off" objects at give-away prices and you can often find bargains on market stalls. Don't be put off if something catches your eye but is the wrong colour or is already painted – with a little bit of preparation and a new coat of base colour you can create the perfect blank canvas for your ideas. Painting on thin card is a great way to practise smaller designs – why not make some greetings cards and gift tags? Family and friends will appreciate the fact that you have taken the time and care to create them a unique gift, rather than simply buying one.

There are many companies producing "blanks" in wood and MDF for decorating and these can vary from the simplest key ring and coaster shapes to intricate armoires. As you become more experienced, you will want to choose more interesting pieces to paint or perhaps move on to large-scale projects such as painting a wall in a room in your home. Painted screens are a great way of adding colour and a bit of fun to a room and, because they are movable, you can use them in different areas of the house as your mood changes.

BRUSHES

The old adage "A workman is only as good as his tools" is certainly true and it is far better to buy one or two good brushes designed especially for decorative painting, than to buy a whole handful of cheap or inappropriate brushes that will disappoint you. It always upsets me to see keen children given poor brushes, as even the youngest child values a good result and can be taught to use and care for a good brush from the start. Specialist brushes for decorative painters and folk artists have sharp chisel edges on flat brushes and sharp points on round brushes. They are designed to keep their shape well and will give good results. Buying the right brushes will pay off and eventually save you time, money and a lot of disappointment. A good brush can last a lifetime, or certainly decades, given the treatment and care that it deserves. The correct brushes need not be expensive, and you should start with a small number, adding to them as your need grows. With all the different brushes on the market it can be difficult to choose the right brush for the job. Ideally, a good household brush, a round brush, a flat brush and a liner should satisfy your initial needs. Sets of brushes are often sold in packs, particularly the specialist "One-stroke" brushes – you may find that it is more economical to go for this option.

Brushes fall into two categories: natural hair or synthetic fibres. Synthetic brushes have a "spring" to the hairs and for the beginner, they are easier to use and care for than brushes made from natural hair. They are hardwearing, more reasonably priced and ideally suited to acrylic paints. These are some of the different types of brush you will come across in this book.

Household brushes

A 2.5 cm (1 in) good-quality flat brush is a good size for applying base colour to a number of items and will suit most of the projects in this book. Later you may wish to add a 2 cm (½ in) brush for painting smaller items, or an 8 cm (3 in) brush if you are venturing into decorating larger furniture. Buy the best brush you can afford, as an inferior brush will leave loose hairs on your work and ruin it.

Round brushes

The round brush is a relatively short brush, designed to a sharp point and fixed in a round metal ferrule. Better quality brushes even have tapered hairs to increase the sharpness of the tip. You will find round brushes in a variety of sizes, usually in sizes 1 to 12 (the lower the number, the smaller the brush). They are ideal for strokework, petals and leaves. They are also used for filling in and colourwashing small areas.

Flat brushes

Flat brushes have a flat metal ferrule, and are designed to end in a sharp chisel edge. They are used for filling in areas, floating and shading, and for some strokework (see page 15). You can paint on the flat side or the chisel edge when a fine line is needed.

Liner brushes

A liner brush is a long, thin, round brush tapered to a gradual point at the tip. It is used for outlining, or for long thin lines such as stems, stalks, tendrils or curlicues (see page 16). A shorter liner is known as a detail brush or spotter. These are easier for

This set of "One-stroke" brushes is made up of flat brushes. From left to right: No.1 Script, Liner, No.2 Flat, No.6 Flat, Small Scruffy, Scruffy, ¾ Flat, No.12 Flat, No.10 Flat, No.8 Flat.

the beginner to control than a longer liner, and are used for minute details.

Stencil brushes

A stencil or stippling brush is a round brush with shorter, stiffer hairs in a round ferrule. They have short, stubby handles. They are used for pouncing, stencilling and stippling. Smaller brushes are useful for painting the centres of flowers or adding rosy cheeks to painted figures.

Scruffy brush

A scruffy brush is a stubby brush, designed to be used dry for pouncing or stippling. It is used for snow, wisteria-type flowers, moss etc. It is usually oval and generally softer than a stencil brush.

Sponge brush

These are a useful and inexpensive alternative for applying base colour and varnishes. They are disposable but, if cared for, have a limited lifespan.

Specialist brushes

In addition to the basic brushes detailed above you will find a whole range of other specialist brushes in every shape imaginable, from fan-shaped to angled brushes. These are not essential for a beginner and your specialist supplier can advise you as the need arises (see page 95 for a list of stockists and suppliers).

Brush care

A good-quality brush, if properly cared for, will last a lifetime. Always wash the size or dressing out of a new brush before using it. The size protects the brush during its long journey from manufacturer to artist. Always clean brushes immediately after using them with acrylics in a jar of clean water. If you don't, the dried paint will "set" in the base of the hairs and splay your brush, thereby ruining it. Follow this with a wash in warm (not hot) water and mild soap or washing-up liquid. Continue until there is no colour at all when the brush is wiped on a paper towel.

Never leave brushes standing in a jar of water, as the hairs will bend and the shape of the brush is ruined. If this happens accidentally you can try and resurrect your brush by dipping the hair part briefly in hot water and reshaping the brush. Take care not to let the metal ferrule of a brush stand in hot water as the glue could melt and your brush fall apart. Brushes left standing in water can also be ruined if the wooden handles swell and split and the ferrules become loose. For this reason, more companies are now switching to plastic or acrylic handles.

Store your brushes standing handle down in an empty jar, or lying in a tray lined with paper towel. If you are travelling with your brushes, invest in a purpose-made brush carrier, available at art stores. This protects the delicate bristles from damage. Never store brushes away wet, as they could go mouldy. If you know that you are not using your brushes again for some time, you can "dress" the bristles with hair conditioner and allow them to dry. This will help protect and condition them, but they will need rinsing out before they are used again.

If you venture into painting with products that are not water-based, then you will need to use an appropriate product for cleaning your brushes. For example, use turpentine or white spirit to clean brushes used with oil paint.

This set of synthetic brushes is specially designed for use with acrylics and includes some specialist brushes, such as angled and fan-shaped brushes.

PAINT

There are so many diverse products on the market that the choice can be bewildering for the beginner. Most of the projects in this book are painted using acrylic paints and I would always steer the beginner decorative artist towards acrylics for their first adventure. Acrylic paints can be used straight from the tube or bottle, are available in hundreds of colours, and can be mixed with water. They dry quickly, are odourless and economical, and you can overpaint your mistakes easily. They are just the right consistency for applying base colour and stroke work. Brushes can be cleaned in soap and water and acrylic paint spills can be removed from clothing if tackled while still wet.

In addition to the actual acrylic paints, you will find there are a few other products that you will find useful. A wide range of mediums are available that adapt acrylic paint to make it suitable for fabric, ceramic and tiles or glassware. There are others that alter the finish to glitter or pearlized, or simply make it flow more easily or dry more slowly. Once a project is complete, it is a good idea to seal it in some way and a couple of coats of varnish will protect your work and make your items more hardwearing, as well as enhance the colours. It is available in different finishes and can sprayed from a can or brushed on. Keep a brush specifically for varnishing so it is not soiled with paint. Most manufacturers produce comprehensive free leaflets on their paint and mediums and wonderful websites full of product information, projects, colour charts, technical data and details of suppliers for mail order for those not living near a store (see page 95).

OTHER USEFUL EQUIPMENT

Most of the other things you will need to get started you will probably already have in your home.

Water pot

You can buy water pots specifically designed to hold a number of paintbrushes while you work but a clean jam jar works just as well. Remember to change the water occasionally.

Palettes

A ceramic tile makes a good palette for dispensing paint on to and is easy to clean. I use waxed palette paper, available in pads. The advantage of palette paper is that you can blend on it – it is also inexpensive and disposable. In warmer climates, it is often necessary to use a "wet palette". A wet palette consists of a layer of palette paper over a wet sponge layer in a plastic tray. You will find them in art stores, or you can improvise by making your own. They stop the paint from drying too quickly on the palette and if you cover them, you can preserve the same paint palette for a longer period until your project is complete.

Palette knife
A small palette knife is useful for mixing paint; never mix paint with a paintbrush as this ruins them.

Sponges
Both natural sea sponges and pieces of synthetic sponge can be used to create a sponged effect, particularly over a large area. Natural sponges have a more open texture and, because they are irregular, will produce a more interesting pattern. See page 17 for sponging techniques

Cotton buds
Cotton buds are ideal for applying paint in the form of dots or highlights. They are also useful for removing mistakes cleanly.

Cocktail sticks
These are useful for applying small amounts of glue and can also be used instead of a stylus to create very small dots.

Masking tape
Low-tack tape can be used to cover areas that you don't want painted to create bold designs and clean lines You can also use it to tape traced designs or stencils on to your work.

Stylus
This versatile tool is ideal for tracing over templates in order to transfer designs, although a sharp pencil makes a good substitute. The stylus is also useful for creating small dots (see page 17).

Tracing paper and transfer paper
These are essential for transferring templates and designs on to blank objects

Paper towel
A useful kitchen item that comes in particularly handy when mopping up accidental spills! It is also useful for wiping your paintbrushes.

Sanding pad or sandpaper
Preparing your items before painting is an essential part of the process. Wood or MDF (medium density fibreboard) items will need to be sanded, depending on how rough the surface is. Take care when sanding MDF items – either wear a mask or work outdoors.

BASIC TECHNIQUES

Preparation

Always prepare your surface well, as this is the key to success. If you skimp this stage, you will regret it later and often spoil the end result. Sand and seal new blanks before painting, and ensure you wash and dry old items to remove dirt and grease from the surface. Sand down old paint to give a smooth surface that provides a "key" to your painting. Metal and glass items benefit from a wipe over with a 50:50 solution of vinegar and water. Unless you like the distressed look, always fill the smallest holes in wood with wood filler. Remember to prepare the back, underside, and inside of all items as this prevents warping and gives a well-finished look.

Sandpaper comes in a whole range of grades, from the very fine to very coarse. Wet-and-dry sandpaper can be used wet and sanding pads are excellent as they allow you to apply even pressure to all areas. If you are sanding large areas of MDF, it is advisable to wear a mask.

The base coat of colour should be applied with a good-quality flat brush or foam brush, using as large a brush as possible for the job in hand. A few thin coats give a far better finish than one heavy coat. Sand down the surface after each coat dries and polish with a brown paper bag.

LEARNING THE STROKES

The best way to get the basic strokes right is to practise, practise, practise! Keep scraps of paper or card nearby when you work so you can run through the strokes before you attempt to paint the piece that you are working on. Remember as well that there are very few mistakes that can't be corrected!

Loading a flat brush with paint and medium

When using a flat brush, only load the brush with paint about three-quarters of the way up the bristles. The side of the brush is dipped first into the small "puddle" of medium and then the other side is dipped into the colour. Pull the brush along the paper using the full width of the brush to create a path of colour – this is known as blending.

Loading a flat brush with two colours

The principle for loading a brush with two colours, known as double-loading, is the same as for loading a brush with paint and medium. Dip the bristles of one corner of a flat brush into the first colour of paint. Load the opposite corner of the brush with the second colour. Blend the two colours by pulling the brush along the paper a few times until the colour start to merge – you will start to see a "third" colour appearing.

Tipping a round brush

Tipping is when you basically load a brush with one colour but then dip the point of it into a second colour. This gives a highlight to the strokes, especially when working comma strokes.

Creating "S" strokes with a flat brush

"S" strokes are perfect for creating leaves. Load the brush with paint and start with the brush upright and perpendicular to the surface. Place the chisel edge down and apply pressure while drawing towards you, ending on the chisel edge (parallel to where you started). Double-load the brush in two colours for more realistic leaves, giving you light and shade in one stroke. Larger leaves may need two strokes to fill them. Complete half of the leaf and then repeat overlapping onto the first half. The double-loaded colours will create a vein effect down the centre of the leaf.

Creating "C" strokes with a flat brush

"C" strokes (which can also be "U" strokes, depending on the direction) are wonderful for filling in curved shapes such as petals. Choose a brush size to suit the design. You will need to hold the brush upright while working this stroke. Apply the chisel edge of the brush to the surface and slide one side a short distance using just the thin chisel edge. Continue into a curve and apply pressure using the whole width of the brush. As you complete the curve, release the pressure and end on the thin chisel edge again, parallel to where you started. This can really only be completed in one action. Double-loading the brush increases the effect and adds realism.

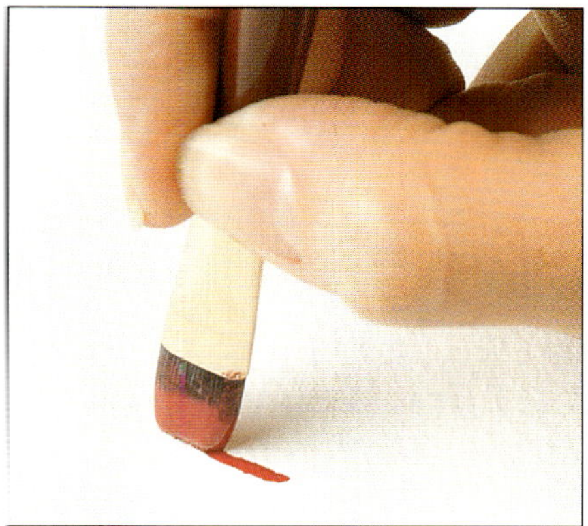

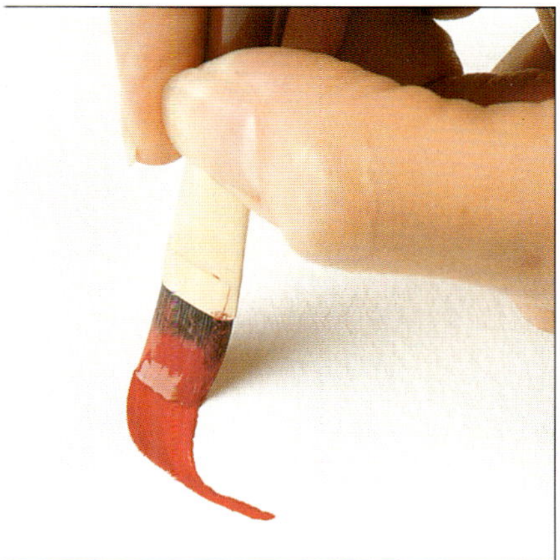

Creating a comma stroke

Probably the most widely used stroke, this is a tip, press and lift stroke. Load your brush and lay the brush tip down. Apply pressure allowing the brush to spread, pull the brush along the paper, gently lifting as you go. End the stroke on the tip of the brush only, forming the tail of the comma stroke. Practise them upright, leaning to the left and right, and in all sizes. This stroke is useful for petals, filling in leaves and for border decoration. Tipping the brush in a second colour gives colour gradation to your strokes.

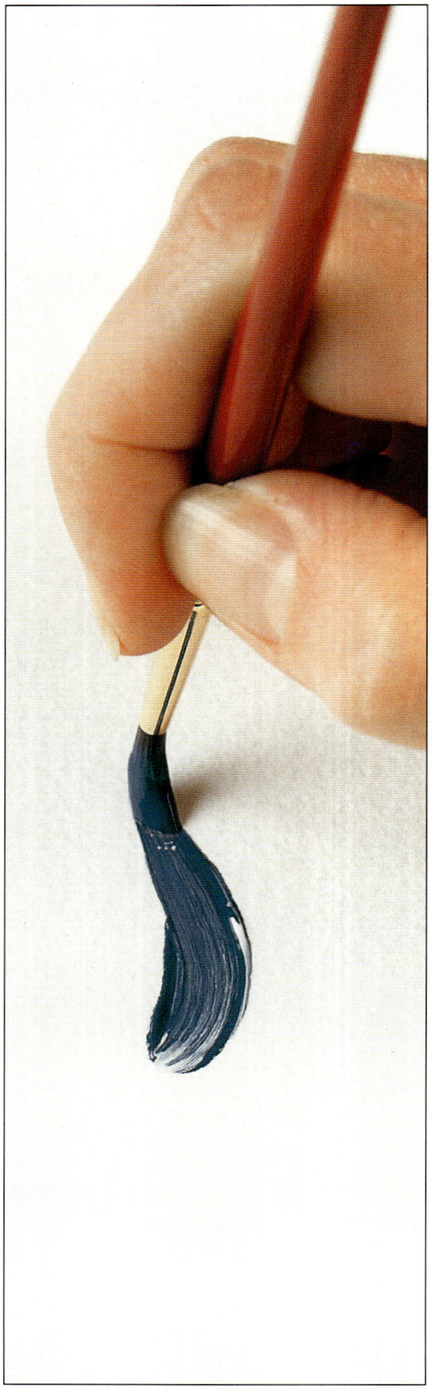

Creating a "ruffle"

Ruffles are fun to do and are great for foliage, especially when the brush is double-loaded with two colours. Using a flat brush, apply pressure to the "heel" of the brush and then "wiggle" the brush so the bristles fan out.

Using a liner brush

The liner brush is used with slightly watered-down paint. Just add a few drops of water to bottled paint on your palette and mix until you have an inky consistency. Practise straight and curved lines for stems and veins and tendrils and curlicues. Keep the liner brush at 90 degrees to your surface for easier curves. Draw stems using a liner brush or flat brush up on its chisel edge. Avoid stiff straight stems as much as possible – curved lines look much more realistic.

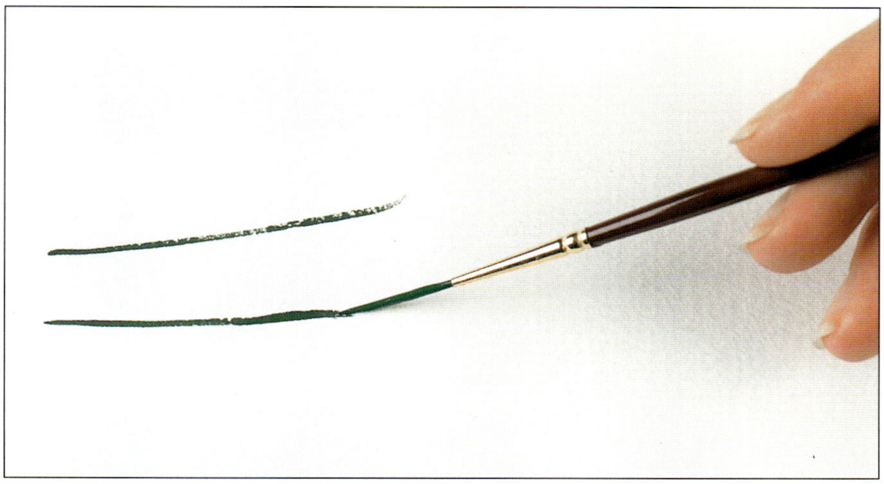

Dots

Dots are useful for filler flowers, pollen on larger flowers and for patterns and borders. They can be made using the wooden end of a thin paintbrush or with a stylus. For dots of a uniform size, dip the brush end or stylus into the paint each time. If you do a few dots before reloading you will notice that the size of each dot reduces as the amount of paint diminishes.

Sponging

Sponging is effective on walls and for backgrounds. A natural sea sponge gives the most interesting effects due to the open, textured surface. Always practise on paper to achieve the look you want and rotate the sponge so that you do not get a repetitive design. Double-load the sponge with more than one colour, or sponge with one colour, dry, and add a subsequent different colour layer.

Stippling

Stippling is a pouncing action. It makes useful backgrounds, realistic looking lilac and wisteria flowers and is also used in stencilling and faux finishes. Use a purpose-made stippling brush, or a stencil brush or any shorthaired stiff bristle brush. Practise light and heavy stippling and experiment with more than one colour. Stippling is also good for creating flower centres and rosy cheeks on painted figures.

DESIGN INSPIRATION

There are a plethora of design books and pattern packs on the market and these can be resized easily to fit your projects, by scanning and reprinting on your computer, or by reduction, enlargement or reversal on a photocopying machine.

You can also adapt embroidery patterns or designs from your other crafts. Children's colouring books and clip art are also valuable sources. You will soon be enjoying designing your own patterns. Always be careful not to infringe other people's copyright.

Tracing

As we have already mentioned, most decorative painters start by working from tracings of pre-prepared designs and so a pad of good quality, A4 size, tracing paper is a must. You can use rolls of greaseproof paper from a food store, but many painters prefer the A4-sized tracing paper as you can hand-feed this into your computer printer and print off the tracing from a scanned design.

Transfer paper

Artists' transfer paper is paper coated with either chalk or graphite and can be used several times. The transfer paper is placed between the traced design and the base coated surface with the chalk or graphite side facing down. Going over the design with a stylus or an empty ballpoint pen transfers the design. Use the chalk transfer paper on dark surfaces and the graphite version on light surfaces so that your design will show up more easily. Never use typing carbon paper, as this will mark your work with ugly smears that cannot be removed.

Painting groups

Many areas have decorative painting and folk art groups, and joining one is a great way to make friends with people of similar interests. A decorative painting group provides an opportunity to swap ideas, attend product demonstrations and invite in guest artists to teach new techniques.

1 PROJECT Berries and Blossom Mirror

This lovely berries and blossom mirror gives beginners the opportunity to practise the basic strokes while achieving a professional result. The design can easily be adapted to suit a range of painting surfaces.

1 Seal the mirror by covering the glass with a square of paper and spraying the frame lightly with spray sealer. Trace the blackberries design on page 91 and transfer the design on to the mirror frame by placing the transfer paper under the tracing and going over the design with a stylus or sharp pencil.

2 Paint the large leaves using five comma strokes and a size 5 round brush, loading the brush in Hauser dark green tipped in titanium white.

You will need

- Hauser dark green
- titanium white
- primary blue
- deep burgundy
- lemon yellow
- lamp black
- light avocado

- Small pine mirror, 26 cm (10 in) square
- Acrylic matt sealer/finisher
- Tracing paper
- Grey transfer paper
- Stylus or sharp pencil
- Acrylic paints, such as DecoArt Americana, as shown above
- Size 5 round brush
- Cotton buds
- Detail brush
- Small flat brush
- Angle shader brush
- Liner brush

3 Paint the single leaves using single comma strokes. Use the same brush but this time use only the Hauser dark green paint.

4 Paint the individual drupelets of the berries using a cotton bud dipped in primary blue, and a pouncing action. Practise on paper first. Do not overload the cotton bud. You should get a print with a lighter area in the middle. This mimics the bloom of the fruit. Paint the outer circle first, keeping the fruit irregular and realistic, then fill in the centre. While the paint is still wet, add some dabs of deep burgundy to one third of each berry, to the right hand side. Add a tiny white highlight with the titanium white paint and a detail brush to most drupelets.

5 Paint the blossoms in titanium white. Water down the paint for a translucent look. Use the small flat brush and a "C" stroke for each petal. Fill in the centre with lemon yellow, using a cotton bud. Add some pollen dots with lamp black paint and a stylus.

6 Add sprays of filler leaves using a small angle brush and a watery mix of light avocado. Use the liner brush to add a few curly tendrils in the same colour. Do the tendrils freehand, as this is easier than trying to follow a traced line. Finish with a few filler groups of three dots in titanium white paint using the stylus.

7 Allow to dry and finish with spray sealer/finisher, remembering to protect the glass area with paper again.

variation

A hairbrush back provides a good surface for painting. You may need to re-size an element of the design to fit your chosen item.

2 PROJECT Daisy Chair

Fresh as a daisy, this design will delight the youngest member of any family, whilst being robust and functional. Plastic plays an important part in our lives and with modern specialist paints you can now paint on to plastic without the paint cracking or peeling off.

1 Wipe over the entire surface of the chair with a cloth dampened with rubbing alcohol. This removes static charge and any film left from when the plastic was moulded. Allow to dry.

2 Trace the daisy design on page 91 and then transfer the pattern on to the back by placing the transfer paper under the tracing and going over the design with a stylus or sharp pencil. The bud design should be traced on to the seat.

You will need

- hunter green
- neon green
- white
- yellow
- black

- Plastic child's chair
- Rubbing alcohol
- Tracing paper
- White transfer paper
- Stylus or sharp pencil
- Paint for plastic, such as Plaid's, as shown above
- Medium flat brush
- Size 5 round brush
- Small stippling brush
- Small flat brush
- Kneadable artist's eraser
- Sealant

2 PROJECT

3 Double-load a medium-sized flat brush with hunter green and neon green and paint the larger leaves in two strokes. Work from the base of the leaf to the tip, keeping the neon green to the middle of the leaf. Leave to dry for about 10 minutes.

4 Load a size 5 round brush with white paint and paint the petals on both the back and seat of the chair using comma strokes. Complete all the petals, except any that overlap the flower centre.

5 Take the stippling brush and pounce it into the yellow paint to load the brush. Do a few tests on paper first and then, using a pouncing action, fill each flower centre with yellow. Leave to dry before adding any remaining white petals that overlap the yellow centres.

6 Using the small flat brush, paint in the small leaves and calyxes in neon green. Pull in the stem using the chisel edge of the brush and then leave to dry – this should take about 10 minutes.

7 Add a crescent of pollen dots to the lower half of the flower centres, using black paint and the stylus. For dots of a uniform size you will have to reload the stylus after each dot. Allow to cure for 3 weeks before removing any chalk marks that are showing through the design using a kneadable artist's eraser. Coat the chair with a paint for plastic sealant for added protection and water resistance.

3 PROJECT

Ivy Kitchen Shelf

Stephanie Weightman

This pine shelf was a junk shop find that was already stained green. Here the antique look has been enhanced by using a distressing technique: candle wax was rubbed into the wood and then the shelf was painted with a watery mix of white acrylic paint for a limewashed effect, with some areas left whiter than others. Grapes and vines trail across the top of the shelf and down the sides – perfect for a country-style kitchen.

You will need

- green forest
- wicker white
- berry wine
- midnight

- Pine shelf unit
- Acrylic paints, such as FolkArt, as shown above
- Size 12 one-stroke flat brush
- Liner brush
- Gilding cream in classic gold

1 Make sure that the surface you are working on is smooth, clean and dry. Double-load the size 12 flat brush with green forest and wicker white and, working on the chisel edge, paint in the vines, leading with the lighter colour. Criss-cross the vines for a more natural effect. It is best to work freehand but do use the drawing on page 92 as a guide.

2 Add the grapes with a double-load of berry wine and midnight on the flat brush. Place the brush down on the chisel edge and rotate the brush to form a complete circle. Paint some grapes with midnight to the centre and some with berry wine to the centre. Add a white highlight to each grape with a liner brush, keeping the highlight in the same position on each grape.

3 Double-load the flat brush with green forest and wicker white and paint vine leaves. Do this by keeping the white to the inside of the leaf and wiggling the brush out to the side, back into the centre and then down to the point at the tip of the leaf. Complete the second half in the same way, starting at the top of the leaf again.

4 Add the smaller one-stroke leaves with the flat brush double-loaded in green forest and wicker white. You can change the size of the flat brush to a smaller brush if you wish or use the size 12 throughout.

5 Mix green forest paint with water until you have an inky consistency. Using the liner brush, add a few tendrils curling in and out of the leaves.

6 Rub the distressed areas with gilding cream for an antique effect. The best way to apply gilding cream is with your finger.

artist's tip

Thinning the paint with water until you have an inky consistency makes tendril painting and other fine liner work much easier.

Fruit
Gallery

Utensil holder
A whole harvest of fruits, painted on to galvanized ware using FolkArt acrylic paints. The design is by Priscilla Hauser.

Gooseberry tray
This delicate gooseberry design on a smoked marbleized background was painted by artist Liz Bramhall. The technique uses the smoke from a candle flame.

Pear trough
This trough was painted by Priscilla Hauser using FolkArt acrylic paints in an unusual design of pears and chequerboard. The resulting effect is dynamic and fresh.

Hand towel rack
A simple orchard and apple design, from the studios of DecoArt, painted on a curved wooden towel rack by Walnut Hollow.

Table centrepiece
This centrepiece, painted by the author to a design by Carol Sykes, is an ideal base for a chunky candle to illuminate a winter supper table.

4 PROJECT

Rosebud Platter

Carol Sykes

This pretty rosebud platter uses the classic "One-stroke" painting technique, developed by Donna Dewbury in the United States. The design is simple and elegant, making it a perfect project for a beginner. Try practising the more complex elements of the design on paper until you have perfected them.

You will need

- silver sage green
- metallic glorious gold
- evergreen
- titanium white
- cranberry wine

- MDF oval platter
- Acrylic paints, such as DecoArt Americana, as shown above
- 2.5 cm (1 in) soft flat brush
- Fine sandpaper
- Size 8 flat brush
- Tracing paper
- Grey transfer paper
- Stylus or sharp pencil
- Liner brush
- Size 10 flat brush
- Soft eraser
- Clear satin varnish

1 Using the soft 2.5 cm (1 in) brush, apply a base coat of silver sage green to the whole platter. Leave to dry before sanding gently with a fine grade sandpaper and then apply a second coat of silver sage green. Apply the metallic glorious gold paint to the rim of the platter using the size 8 flat brush. When it is completely dry, use the sandpaper to rub back the gold, creating a distressed finish.

2 Trace the rosebud design on page 90. Transfer the design on to the platter by placing the transfer paper under the tracing and going over the design with a stylus or sharp pencil.

4 PROJECT

3 Load the size 8 flat brush with evergreen paint and paint the smaller leaves using an "S" stroke. Double-load the size 10 flat brush with evergreen and titanium white and paint the larger leaves using "S" strokes.

4 Double-load the size 8 flat brush with cranberry wine and titanium white and paint the rosebuds. These are made up of two "C" strokes.

5 Using the liner brush loaded with evergreen, paint in the stems to all the leaves and buds. Paint in the calyx for each bud and then some tendrils. Load the liner brush with titanium white paint and apply three dots to the centre of each bud.

6 Double-load the size 10 flat brush with cranberry wine and titanium white. Paint the roses following the design – you may want to practise a few on paper before you start painting on the platter. (See below for how the strokes are made.) Using the tip of the liner brush loaded with titanium white paint, apply dots to the centre of each rose, as well as some areas of white dots around the design.

7 When the platter is completely dry, use a soft eraser to remove any traced lines. Apply two coats of satin varnish, allowing plenty of drying time between each coat.

5 PROJECT

Key Holder

Paula Haley

This delightful key holder, painted with chrysanthemums and tulips, gives you another chance to practise your comma strokes and use some "S" strokes. This project, with its vibrant colours, will make a real statement for your home, while making sure that you never lose your keys!

1 If your key holder comes with hooks, remove them before sanding gently. Apply a base coat in yellow ochre with the flat brush and allow to dry before applying a second coat. Trace the design on page 92 and transfer on to the key holder by placing the transfer paper under the tracing and going over the design with a stylus or sharp pencil.

2 To paint the long leaves, load the size 5 round brush with avocado tipped with Hauser light green. Use elongated "S" strokes to paint the leaves. Then using the same technique and brush, paint the three fatter leaves under the chrysanthemum with avocado tipped with cadmium yellow.

You will need

- yellow ochre
- avocado
- Hauser light green
- cadmium yellow
- burgundy wine
- burnt umber
- titanium white
- cadmium orange
- cranberry wine
- true red
- sapphire

- MDF or wooden key holder
- Sanding pad
- Acrylic paints, such as DecoArt Americana, as shown above
- 2.5 cm (1 in) flat brush
- Tracing paper
- Grey transfer paper
- Stylus or sharp pencil
- Size 5 round brush
- Long liner brush
- Size 4 round brush
- Water-based varnish

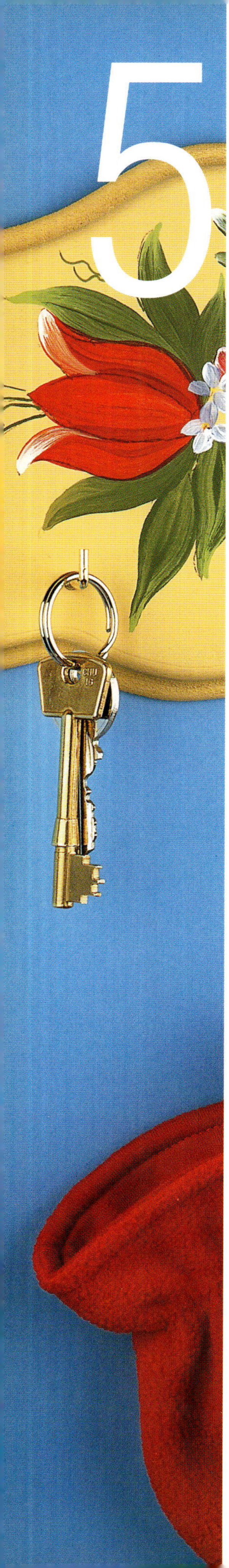

3 Apply a base coat of burgundy wine to the main flower ball of the chrysanthemum using comma strokes. Give the ball of the flower a second coat, adding a touch of burnt umber to the burgundy wine for depth.

4 Load the size 5 brush with burgundy wine tipped with titanium white and paint the petals of the flower using comma strokes. Add dabs of pollen to the bowl of the flower with the same brush and paint, and soften.

5 Apply a base coat to the tulips using cadmium orange and the size 5 round brush. Use elongated "S" strokes. Then paint the petals with cranberry wine tipped with true red. Paint the two outside petals first, then add the central petal. Add a comma stroke to each outside petal using the same brush loaded with cadmium orange, tipped with titanium white.

6 Using slightly thinned avocado paint and a long liner brush, paint in the stems of the long filler flowers at the sides of the design. Load the size 4 round brush with sapphire tipped with titanium white and add tiny buds using small comma strokes. Work down the stem from the tip. Using the same brush and paint, add small flowers around the chrysanthemum using small dab strokes. Add a dot centre using cadmium yellow and a stylus.

7 Load the size 4 round brush with avocado tipped with titanium white and add clusters of three comma strokes. Thin a little avocado paint with water until you have an inky consistency and add a few tendrils with the liner brush. Allow to cure for 24 hours before applying two coats of water-based varnish.

6 PROJECT

Tulip Watering Can

Ann Myers

Functional items do not need to be boring and can be decorated to match your home. This tall elegant watering can for houseplants has been given a new look. The sage-green colour goes well with your plants and will suit most colour schemes. The simple tulip design gives you a chance to practise your basic strokes.

You will need

- teal green
- desert turquoise
- primary blue
- antique gold

- Metal watering can, approximately 23 cm (9 in) tall
- Soft cloth
- Vinegar
- No-prep metal paint in sage green
- Large flat brush
- Tracing paper
- White transfer paper
- Stylus or pencil
- Acrylic paints, such as DecoArt Americana, as shown above
- Size 5 round brush
- Liner brush
- Size 2 round brush
- Acrylic spray sealer/finisher (optional)

1 Wipe over the metal watering can with a cloth dampened with a 50:50 solution of vinegar and water. This removes any grease from the metal.

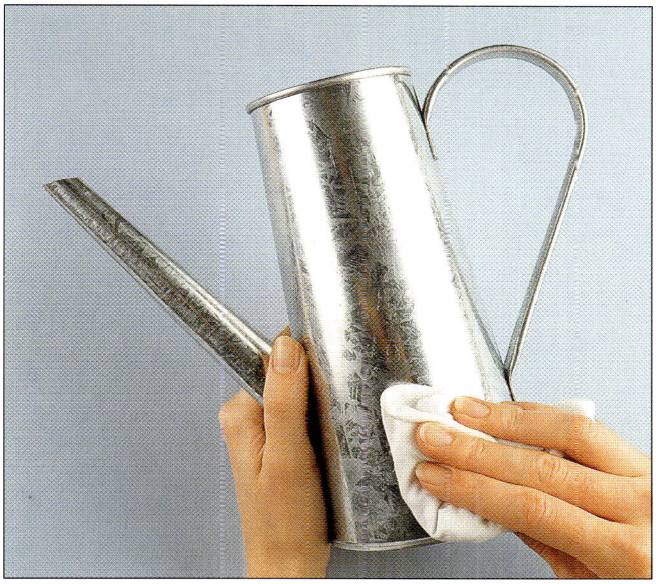

2 Apply a base coat to the body of the watering can with a large flat brush and the sage green metal paint. Leave the spout and handle unpainted or, if you wish, cover the whole area. Leave to dry for about one hour and then apply a second coat.

3 When the watering can is dry, trace the tulip design on page 94 and transfer the design on to the watering can by placing the transfer paper under the tracing and going over the design with the stylus or pencil.

4 Paint the base petals of the tulip head in teal green acrylic paint, using a size 5 round brush and a comma stroke, then paint in the stem. Using the same brush, paint the bottom leaf, to the right-hand side of the stem, using teal green and a comma stroke. Paint the leaf above, adding a little desert turquoise. Continue working upwards, painting each leaf above and adding a little desert turquoise paint to the brush each time to give a gradation of colour.

5 Add the two side petals to the head of the tulip in desert turquoise, using the size 5 round brush and a comma stroke for each petal. Paint the petals to the left-hand side of the stem using the same method as for the other side, starting with primary blue and adding progressive amounts of desert turquoise as you proceed up the stem.

6 Fill in the centre petal of the tulip with three comma strokes, using the size 5 brush and primary blue. Using the liner brush, add curly tendrils around the leaves and stem with a watery mix of antique gold. Complete the design by adding small comma strokes on to the centre petal using a size 2 round brush and antique gold paint. Leave to dry.

variation

A plant pot trimmed with the same galvanized metal can be painted to match the watering can.

artist's tip

Although the no-prep metal doesn't need a sealer, a light spray will protect the design.

Garden Items

Gallery

Butterfly house and bird house
These two boxes are made from simple plywood. They have been painted with patio paint and decorated with freehand designs.

Small watering can
This tin watering can was painted with no-prep metal paint before being decorated with a simple floral design using comma strokes.

Plant pot
A flower pot was given a base coat of strong blue paint to resemble sky. The clouds and greenery have been sponged and stippled, while the bird boxes have been painted freehand.

Foxglove watering can
This simple watering can, painted by Ann Myers, has a lovely design of foxgloves. The flowers are painted using "C" strokes.

Fuchsia watering can
You can adapt and transfer most designs on to any surface – the fuchsia design on this watering can is similar to the one on pages 84–89.

Scalloped-edge pot
This terracotta pot was painted with cream patio paint and then decorated with love birds and a border of comma strokes in lilac and turquoise.

7 PROJECT Rose Lamp

Stephanie Weightman

Floral designs are always popular and these huge roses in shades of pink will brighten up a bedroom. Practise painting the roses before you begin – you will soon see how easy it is to achieve wonderful results!

You will need

- wicker white
- berry wine
- hot pink
- thicket
- hunter green
- basil green
- Inca gold

- Lamp base, approximately 30 cm (12 in) high
- Acrylic paints, such as FolkArt, as shown above
- 2 cm (¾ in) one-stroke flat brush
- Sheet of clear acetate
- Size 12 one-stroke flat brush
- Acrylic spray sealer

1 Apply a base coat in wicker white to the whole of the base of the lamp using the flat brush. Allow to dry.

2 Photocopy or trace the petal shapes on page 93. Place the acetate sheet over the shapes and use this as a practice worksheet before you start painting the lamp. You can paint directly on to the acetate – simply wipe it clean and start again. Double-load the 2 cm (¾ in) brush with white and either berry wine or hot pink. Blend the colours on the brush and practise the strokes as follows: to paint the large petals, start with the brush on the chisel edge of the left-hand side of the petal, press down on the brush and wiggle the brush in a fan shape until the petal is filled, ending on the right-hand side on the chisel edge. Use two "C" strokes to create the rose centre, reversing the second one. Use comma strokes to create side petals.

3 Paint the roses randomly over the lamp using wicker white and one of the flower colours for each rose. Vary the colours from rose to rose. Wipe any excess paint from your brush when changing colour, but do not wash the brush out when starting another colour flower, as a little of one flower colour left in the brush helps harmonize the flowers.

4 Using the acetate sheet, practise painting the rose leaves. Double-load the 2 cm (¾ in) flat brush with thicket and wicker white. Starting on the chisel edge and, with the white to the centre of the leaf, wiggle the brush in a fan shape, bringing the brush round to a point. Repeat on the other side to complete the leaf. Remember to leave room for the medium- and smaller-sized leaves.

5 Add random medium-sized one-stroke leaves with a size 12 flat brush, using a blend of hunter green and wicker white for some, and a blend of basil green and wicker white for others. Remember to leave room for the small gold leaves.

6 Using the size 12 flat brush and Inca gold paint, fill in any spaces with smaller single stroke leaves. Allow to dry.

artist's tip

Using a sheet of acetate to practise your strokes is a great way of perfecting your skills and building up confidence. The acetate can be cleaned with a damp cloth, and reused.

variation

Decorate a plain white lampshade to match the base. You can keep the same paints and colours but keep the design to a minimum – a simple border echoes elements of the main design but is not too overpowering.

7 Protect the surface of the lamp by spraying it with a coat of acrylic spray sealer.

8 PROJECT Antique "Leather" Writing Desk

The technique of using tissue paper to imitate leather is fun and easy to do and means that you can create elegant items, such as this tabletop writing desk, without spending a fortune. For a classic look, add a gold stencilled motif.

You will need

- lamp black
- deep burgundy

- MDF writing desk
- Screwdriver
- Sanding pad
- Acrylic paints, such as DecoArt Americana, as shown above
- Large, flat brush
- Black tissue paper
- PVA adhesive
- Soft, lint-free cloths
- Extender medium
- Acrylic spray sealer/finisher

Optional:

- Self-adhesive stencil
- Metallic gold pen

1 Remove the screws and lid of the desk, and sand all the surfaces smooth using a sanding pad.

2 Apply a base coat to the desk and lid, using lamp black acrylic paint and the large flat brush. Work in sections and allow to dry completely before applying a second coat. Set aside to dry.

3 Tear black tissue paper into small pieces, keeping the edges rough. Crumple them up in your hand and then smooth them out again, so that they are wrinkled. Prepare enough to cover the lid of the desk.

4 Using a flat brush, apply a coat of PVA adhesive to the top of the desk lid only.

5 Press the tissue paper on to the glued surface using a soft, clean, lint-free cloth. Use any straight edges along the sides and front of the lid and overlap the sheets at the top edge of the lid. Continue until the lid is completely covered, and allow to dry.

6 Using the large, flat brush, apply a coat of deep burgundy acrylic paint, mixed with a little extender medium, over the tissued surface and allow to dry. For a more aged appearance, rub back the deep burgundy with a clean, damp cloth to allow some of the black to show through. Leave to dry.

7 Paint the rest of the desk with deep burgundy paint. Use light, streaky strokes so that some of the black surface shows through.

8 Seal the lid of the desk with some spray sealer and allow to dry. Spray again and, when dry, buff the surface with a soft cloth for a durable finish. If you wish, apply a stencil decoration to the desk, using a self-adhesive stencil and a metallic gold pen.

variation

Use the same technique to make an attractive pen holder for your desktop.

9 PROJECT

Honeysuckle and Blossom Tray

Cynthia Horsfield

What better way to brighten up your morning than with a cup of tea served on this delightful tray. The honeysuckle and blossom design is pretty and delicate and could be used to decorate a whole range of items for the home.

1 Sand the tray, if necessary and then seal with the multi-purpose sealer. Apply a base coat in eggshell and leave to dry. Using masking tape, mark out the areas to be sponged – you need to create four triangles at the corners of the tray by placing masking tape from centre edge to centre edge. Load the sponge with antique mauve and sponge quickly and evenly. Allow to dry, then sponge with celery green.

2 Trace the honeysuckle and blossom design on page 93. Transfer the pattern on to the tray by placing the transfer paper under the traced design and going over the design with a stylus or sharp pencil.

You will need

- eggshell
- antique mauve
- celery green
- French vanilla
- cadmium yellow
- deep burgundy
- avocado
- white wash
- antique gold
- metallic glorious gold

- MDF tray, 33 x 43 cm (13 x 17 in)
- Sandpaper
- Multi-purpose sealer
- Acrylic paints, such as DecoArt Americana, as shown above
- Large flat brush
- Masking tape
- Natural sponge
- Tracing paper
- Grey transfer paper
- Stylus or sharp pencil
- Size 5 round brush
- Liner brush
- Size 6 flat brush
- Stippling brush
- Cocktail stick
- Clear varnish

3 Start to paint the honeysuckle flowers, using the size 5 round brush loaded with French vanilla and tipped with cadmium yellow. Paint the five large petals, using comma strokes. Load the brush with French vanilla tipped with deep burgundy and paint the three remaining smaller petals.

4 Using the liner brush and avocado paint, paint in the honeysuckle stems. Load the round brush with avocado and then side-load with cadmium yellow to paint the honeysuckle leaves. Using two strokes, begin at the stem and finish at the tip.

5 To paint the blossom design, start with the leaves. Double-load the size 6 flat brush with avocado and French vanilla and paint the small leaves using "S" strokes. Paint the larger leaves using two strokes. Start at the stem and finish at the tip.

6 Paint the blossom petals using the flat brush. Double-load and blend with white wash and deep burgundy and, using a pivot stroke, complete the flowers and buds. Using the stippling brush, add the centres in antique gold, cadmium yellow and white wash. Complete the flowers by using a cocktail stick to add dots of cadmium yellow and white wash. Finish the buds and stems using the liner brush and avocado.

7 Complete the design by adding dots to the edge of the sponging using the stylus or sharp pencil and metallic glorious gold paint. Leave to dry and then finish with two coats of varnish.

Edging the sponged area with a line of metallic gold dots adds definition.

10 PROJECT Country Chest

This multi-drawer chest is a great way to store all your bits and pieces so that it is functional as well as decorative. This is a project that children will be able to work on with supervision and the result might encourage them to keep their things tidy! If you are short of space, the chest can be wall-mounted.

You will need

- forest green
- country blue
- burnt umber
- kelly green
- Hauser medium green
- yellow light
- titanium white

- Plywood mini chest, approximately 28 x 28 x 20 cm (11 x 11 x 8 in)
- Sanding block
- Soft, lint-free cloth
- Clear acrylic spray sealer
- Acrylic paints, such as DecoArt Americana, as shown above
- Large flat brush
- Chalk pencil
- Tracing paper
- Grey transfer paper
- Stylus or sharp pencil
- Stippling brush
- Stylus
- Liner brush
- Acrylic spray sealer
- 3-D animal shapes or button fronts
- PVA glue or other good-quality craft adhesive
- cocktail stick

1 Prepare the surface of the chest by sanding with a fine sanding block. Wipe away all dust with a clean lint-free cloth.

2 Place the chest on a sheet of scrap paper to protect your work surface, and then spray the chest with acrylic clear sealer. Allow to dry.

3 Paint the main body of the chest with forest green paint, using the large flat brush. Apply the paint smoothly and evenly, and allow to dry. Lightly sand the surface and wipe clean again. Apply a second coat of forest green and allow to dry.

4 Spray the main part of the chest with clear acrylic spray sealer/finisher to give a finished look and add a coat of protection.

5 Take the six drawers and draw on the simple lines freehand using a chalk pencil. Alternatively, you can trace the design from the templates on page 94 and transfer the design using grey transfer paper.

6 Using the stippling brush and a pouncing action, paint the sky areas and the pond in country blue. Allow to dry.

7 Continue to fill in all the other areas with the appropriate colours, following the design. Allow to dry.

8 Add the flowers by applying tiny dots in yellow light and titanium white with a stylus or sharp pencil. Vary the size of the dots. Leave to dry and then add a few grasses with a liner brush.

These 3-D animal shapes are available in good art and craft shops. Alternatively if you are a woodworker, try making your own shapes.

9

When the drawers are completely dry, spray them with sealer/finisher, for added protection. Add the 3-D animals or button fronts as desired, using good quality craft glue and a cocktail stick.

variation

All sorts of simple wooden items can be painted in the same theme, such as this pen holder.

artist's tips

Reload the stylus with acrylic paint each time for dots the same size. For dots of reducing size, only reload as required.

Always use spray products outdoors or in a well-ventilated area.

A cocktail stick is a good tool for applying small amounts of adhesive.

11 PROJECT Italian Marble Table

Stephanie Weightman

Faux marbling has been a popular substitute for real marble, since ancient times, and can be worked on all sorts of surfaces. It is of course much more economical, less heavy and so much fun to do!

You will need

- licorice
- green forest
- kelly green
- Italian sage
- wicker white

- Small occasional table
- Sealant
- Acrylic paints, such as FolkArt, as shown above
- 2 cm (¾ in) flat brush
- Sanding pad
- Brown paper
- Palette or paper plate
- Extender
- Natural sponge
- Large natural badger hair brush
- Long-haired script liner
- Gloss varnish

1 Paint the tabletop with sealant and allow to dry. Using the flat brush, apply a base coat to the entire surface in licorice paint. Leave to dry before resanding the tabletop if necessary. Rub gently with brown paper to smooth the surface. Apply a coat of licorice to the legs and stem of the table only, and move to one side, as these are now complete.

2 Shake the paints. Squeeze some green forest paint on to your palette, in thin strings, randomly making circles and diagonals on the palette. Repeat with kelly green, making a lesser number of new circles and diagonals. Then add small amounts of Italian sage. Finally shake some drops of extender on the palette, over the colours already there. This is essential, as extender increases the drying time of the paints, giving you enough time to create your faux finish. Tilt the plate different ways to encourage the paints to move, but do not mix them.

3 Load your natural sponge with paint by gently touching the sponge to the palette. Do not press down. Press the sponge lightly on to your tabletop, pick up, rotate the sponge, move to another area and repeat. Reload the sponge as needed. Continue until the tabletop and edges are complete, overlapping as you go. Leave some background colour showing and do not oversponge.

4 Soften the effect by gently brushing over the surface with a real badger hair brush while the paint is still wet. Leave to dry for at least two hours.

5 On a clean palette add some extender to a small amount of wicker white paint. Do not mix. Drag a longhaired script liner through this mixture and start to add the veining to your tabletop. Holding the brush at the end of the handle to give a loose quivering action, drag and pull the vein across the surface. Veins should be irregular and running in one direction, although not parallel, to look natural. Take care not to overdo it. Soften the vein effect by brushing gently over the veins with the badger brush. Leave to dry for 24 hours.

artist's tips

Always sand items made from Medium Density Fibreboard (MDF) outdoors, or in a well-ventilated area, and always wear a face mask, to protect your health.

Brown wrapping paper or paper bags make a great substitute for fine sandpaper, and give a wonderfully smooth surface.

6 Sand lightly if necessary, and smooth with a brown paper bag. Wipe away any dust. Assemble the table and legs, and finish the table by applying a coat of gloss varnish. For a really good finish you will need two or more coats, allowing each one to dry before applying the next.

Children's Nursery

Gallery

Teddy bear stool
This stool by Walnut Hollow, with its heart-shaped seat, has been painted with a stippled teddy bear design and would make an ideal gift.

Rocker
A charming miniature rocking horse painted in a stylized floral design by Priscilla Hauser, using FolkArt acrylic paints.

Miniature chair
This rustic dolls' chair was a junk shop find that has been sanded and repainted in simple brushstrokes to create a lovely item for a child's room.

Cradle
Lace, simply painted with dots and lines, can be amazingly effective. Here the lace has been painted in white over a country blue on to a doll's cradle.

12 PROJECT Pansy Placemat and Coaster

Beth Blinston

Pansies are charming, small, cool-weather flowers. They come in many colours, with a variety of markings and flower sizes. These colourful pansies will brighten your table year round and painted on to a black background, they have a simple elegance.

You will need

- deep midnight blue
- Hauser dark green
- Hauser medium green
- black green
- Hauser light green
- plantation pine
- light buttermilk
- dioxazine purple
- ultra blue deep
- cadmium yellow
- marigold
- violet haze
- rookwood red
- French vanilla
- black plum
- pansy lavender
- cranberry wine
- soft black
- lamp black (not shown above)

- Oval placemat and coaster
- Acrylic paints, such as DecoArt Americana, as shown above
- 2.5 cm (1 in) flat brush
- Tracing paper
- White transfer paper
- Stylus or sharp pencil
- 1 cm (⅜ in) angled shading brush
- Small filbert brush
- 10/0 short liner brush
- Clear varnish

1 Mix together deep midnight blue and lamp black paint in a ratio of 3:1. Using the flat brush, apply two base coats of this mix to both the placemat and the coasters. Trace the pansy design on page 94 and transfer the pattern on to the placemat by placing the transfer paper under the tracing and going over the design with a stylus or sharp pencil.

2 Using the 1 cm (⅜ in) angled shading brush, paint the leaves marked D with Hauser dark green and the remaining leaves with Hauser medium green. Using the same brush, shade the medium green leaves with Hauser dark green where they meet the petals or other leaves. Shade the dark green leaves with black green.

3 Highlight the medium green leaves with Hauser light green using an elongated "C" stroke to show the contours. Highlight the dark leaves with Hauser medium green.

4 Using the filbert brush loaded with a wash of plantation pine, paint one shape following stroke between the veins on all leaves. Reinforce the shading if necessary. To paint the veins, load the liner brush with Hauser light green and side-load with Hauser dark green.

5 To paint Pansy 2 (see template), load the 1 cm (⅜ in) angled shading brush with light buttermilk and paint in the four back petals. Pansies have five petals and are painted in sequence starting with the back petals. Paint petal 1 and slightly overlap this when painting petal 2. When painting petals 3 and 4, slightly overlap the bottom edge of petals 1 and 2. Petal 5 overlaps the bottom edge of petals 3 and 4.

6 Load the same brush with a 50:50 mix of dioxazine purple and ultra blue deep. Place the heel of the brush in the centre of the flower where the petals meet and then wriggle the toe of the brush in an arc around the top edge. Lay your brush down at angle so that the bristles bend a little on your board. Move the brush in a gentle, rounded zig-zag motion to create a ruffled edge.

7 Using the same brush loaded with cadmium yellow, highlight the edges of petal 2 with a ruffle.

8 Paint petals 3 and 4. Load the brush with marigold on the toe (long tip) and dioxazine purple on the heel. Place the heel of the brush in the centre of the flower where the petals meet and wriggle the toe of the brush in an arc around the outer edge. Lay your brush at an angle so the bristles bend a little on your board. Move the brush in a rounded zig-zag motion to create a ruffled edge.

9 Paint the whole of petal 5 in a coat of dioxazine purple. Allow to dry and then ruffle the edge with violet haze.

10 Using the liner brush, paint a cadmium yellow smile on to petal 5, just below the point where all the petals meet. Pull some fine stokes down on to petal 5. Add a few fine marigold strokes. Paint a spot of Hauser dark green above the smile and add a line of Hauser light green, rookwood red and then light buttermilk. Paint a small comma stroke either side of the spot you have just painted and take the tail of the commas down around the top edge of petal 5. Add some fine line turnbacks on any petals that you think may need a little more definition. Leave for 24 hours before spraying with two coats of clear varnish.

Colourways for remaining pansies

When you have finished painting all the pansies, leave for 24 hours before varnishing.

Pansy 1
Base with French vanilla and then ruffle in rookwood red on all the petals, leaving the centre of petal 2 showing. Wash petal 1 with black plum and a float of black plum to shade behind petals 5, 4, 3 and 2 where they overlap. Paint the beard on petals 3, 4 and 5 using the short liner brush loaded with black plum. Paint the buds using rookwood and black plum.

Buds 1, 2 and 3
Paint with rookwood red and black plum.

Pansy 2
See step-by-step instructions.

Bud 4
Paint with marigold on the toe of the brush and dioxazine purple on the heel.

Pansy 3
Block in all the petals with royal purple and highlight the edge with pansy lavender. Float black plum shade behind petals 5, 4, 3 and 2 where they overlap. Paint the beard on petals 3, 4 and 5 using the short liner brush loaded with black plum.

Pansy 4
Block in all the petals with light buttermilk. Ruffle in the edge of all the petals with cranberry wine. Float a shade of black plum behind petals 5, 4, 3 and 2 where they overlap. Dry-brush all petals from the centre with soft black. Paint the beard on petals 3, 4 and 5 using the short liner brush loaded with black plum.

Bud 5
Paint with cranberry wine and dry-brush with soft black.

Pansy 5
Block in all the petals with a mix of dioxazine purple and ultra blue deep. Highlight the edges with a ruffle of violet haze.

Bud 6
Paint with violet haze on the toe of the brush and dioxazine purple on the heel.

13 PROJECT

Decorated Wall and Table

Stephanie Weightman

Creating a decorative paint effect on a wall can give a room a lovely, personal feel, especially when teamed with a matching dressing table. This type of painting is not hard to achieve and amateur painters will be able to create their own effects easily. Working freehand is fun and exciting – just be brave!

You will need

- dark brown
- wicker white
- thicket
- buttercream
- settlers blue
- periwinkle
- butter pecan
- school bus yellow

- Wooden dressing table
- Acrylic paints, such as FolkArt, as shown above
- 2 cm (¾ in) flat brush
- Size 12 flat brush
- Blending gel
- Liner brush

1 Make sure that the wall to be painted is smooth, clean, and dry. Position the table or other piece of furniture that you are "framing" and work out where you are going to position your design. Double-load a 2 cm (¾ in) brush with dark brown and wicker white and paint the vines using the chisel edge of the brush. Vary the thicknesses of the vines – it will look more realistic.

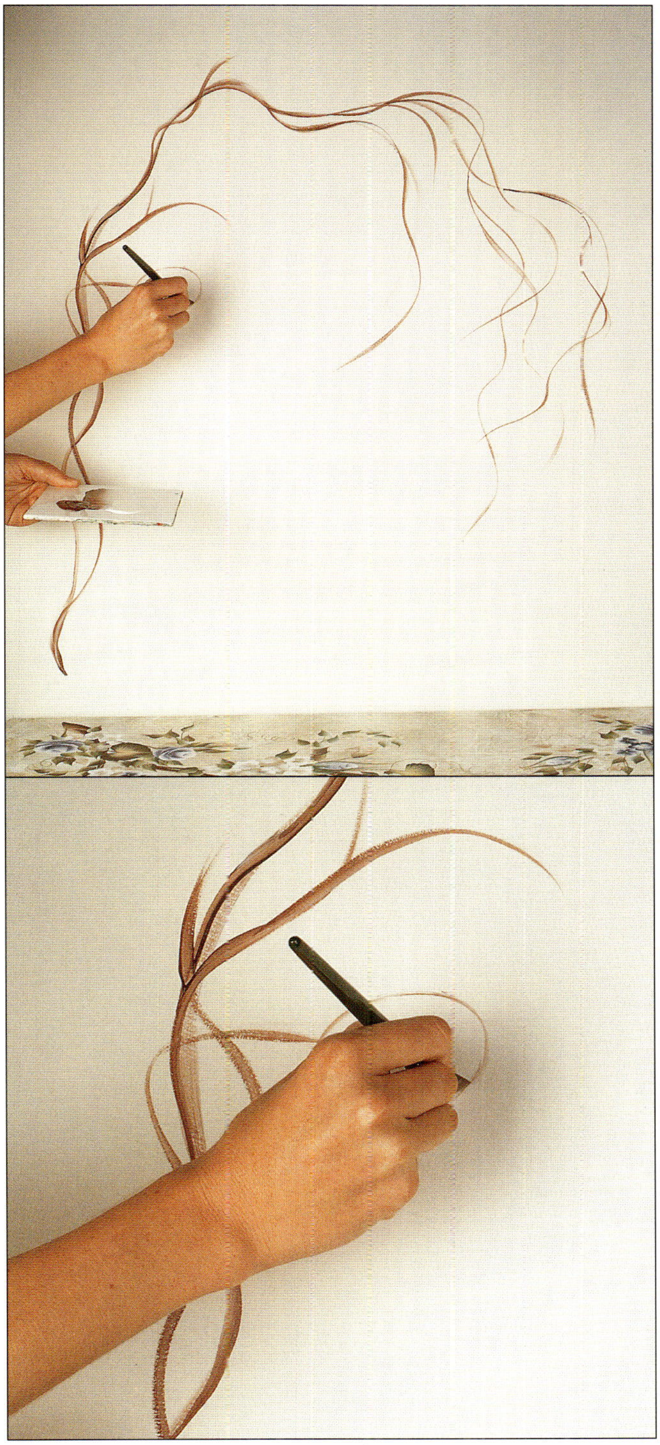

2 Double-load a 2 cm (¾ in) flat brush in thicket and buttercream and paint the large leaves. Starting on the chisel edge and keeping the lighter colour to the inside of each leaf, "wiggle" the brush out to make one half of the leaf. Repeat for the other side to complete the leaf. Vary the direction of the leaves for interest.

3 Using the same brush, paint in the flower buds. Double-load with settlers blue and periwinkle and use "C" strokes. With the same colours and brush, paint in the larger petals throughout the design, using comma strokes. Vary the size of the roses and the direction they are facing in.

4 Double-load the size 12 flat brush with thicket and buttercream. Add a few single-stroke filler leaves. Add more filler leaves, this time using thicket and butter pecan. Finally, add some shadow leaves using a mixture of butter pecan and blending gel. These leaves will be semi-transparent and should fill any gaps in the design.

artist's tip

When painting the leaves, do not feel you have to completely rinse out your brush if you are changing to another green. A trace of the other colours adds harmony to your work.

5 Double-load the size 12 flat brush with butter pecan and wicker white and add some blossom, keeping the lighter colour to the centre of the flower. Each blossom has five "C" stroke petals, although you can vary the design. Paint the blossoms in small groups for a more realistic effect.

6 Add dots to the blossom centres using school bus yellow and the wooden tip of a liner brush handle. Finally, finish off the design by adding a few curly tendrils. Use a watered-down mix of thicket paint and the liner brush.

variation

To decorate a piece of furniture to match, simply make sure the surface to be painted is clean and dry. Paint on the elements in the same order as above.

14 PROJECT Crackle and Gold Leaf Waste-bin

Try using crackle medium and gold leaf to smarten up an everyday object. This simple waste-bin has a classic feel and will make an elegant addition to any room. Gold leaf can be used on any number of objects – experiment by covering shells and stones or other found items. Crackle medium is simple and fun to use – just watch the crackles appear!

You will need

- metallic glorious gold
- buttermilk

- MDF waste bin, approximately 23 cm (9 in) tall
- Sanding pad
- Soft cloths
- Acrylic paints, such as DecoArt Americana, as shown above
- Large flat brush
- Pencil
- Gold outliner
- Crackling medium
- Detail brush
- Size (adhesive) for leaf metal
- Imitation gold leaf sheets
- Soft brush

1 Sand away any rough edges on the waste-bin and wipe over the surface with a clean cloth.

2 Paint the waste bin inside and outside with a coat of metallic glorious gold paint, using a large flat brush. Allow to dry.

14 PROJECT

3 Mark a line around the waste bin with a pencil, 4 cm (1½ in) from the top. Using the gold outliner, make a line of scrolls all around the bin, on this line. Allow to dry.

4 Using the large flat brush, paint the entire bin below the scroll line with an even coat of crackling medium. Leave to dry for about an hour.

5 Apply a contrasting coat of buttermilk acrylic paint over the crackling medium with the large flat brush, working quickly with downward strokes. The crackling will start within moments so only work on one section at a time and apply paint thickly so that it does not look streaky. Do not try to paint over the area again or the crackle effect will be spoiled.

variation

Decorate an old pine or patterned mirror frame with imitation gold leaf sheets. Silver or copper sheets also work well.

6 Using the detail brush, paint the scrolls with size for leaf metal, then, using a larger flat brush, paint the gold area above the scrolls with the size. Leave for about 15 minutes.

artist's tip

Don't throw away the excess flakes of gold leaf as they can be used for other, smaller projects.

7 Lay the imitation gold sheets over the sized area, overlapping as necessary. Press the leaves gently with a soft clean cloth. Check the area is fully covered with leaf metal and leave for three hours.

8 Using a clean, dry, soft brush, work over the gold-leafed areas with soft circular movements to remove any excess metal leaf. You should have a smooth gilded surface.

variation

This technique can be used on all sorts of everyday items. This simple clock will sit perfectly on a mantlepiece.

15 PROJECT

Fuchsia Screen

Cathryn Wood

This cascading screen is ideal for hiding items from view and is great as a room divider. It is also an attractive item in its own right and is a great way of adding temporary, portable colour to a room. A perfect project if you are hesitant about painting on a wall.

You will need

- wicker white
- butter pecan
- basil green
- green forest
- berry wine
- Inca gold
- licorice

- Sandpaper
- 4 cm (1½ in) household paintbrush
- Acrylic paints, such as FolkArt, as shown above
- Glazing medium
- 2 cm (¾ in) flat brush
- Plastic food wrap
- Size 12 flat brush
- Gold reflecting medium
- Liner brush
- Acrylic spray sealer

1 Prepare the screen to be painted, sanding if necessary. Apply a base coat in wicker white acrylic paint using a household paintbrush. Allow to dry. Make a scumble glaze with glazing medium and butter pecan acrylic paint using a ratio of six parts glaze to four parts paint. Roughly brush this on to the screen with the 2 cm (¾ in) brush, so that the background colour shows through. Take a sheet of plastic food wrap and place it over the wet glaze, moving it about with the palms of your hands. Peel back the cling film and continue until you have covered the whole area and created an attractive textured effect.

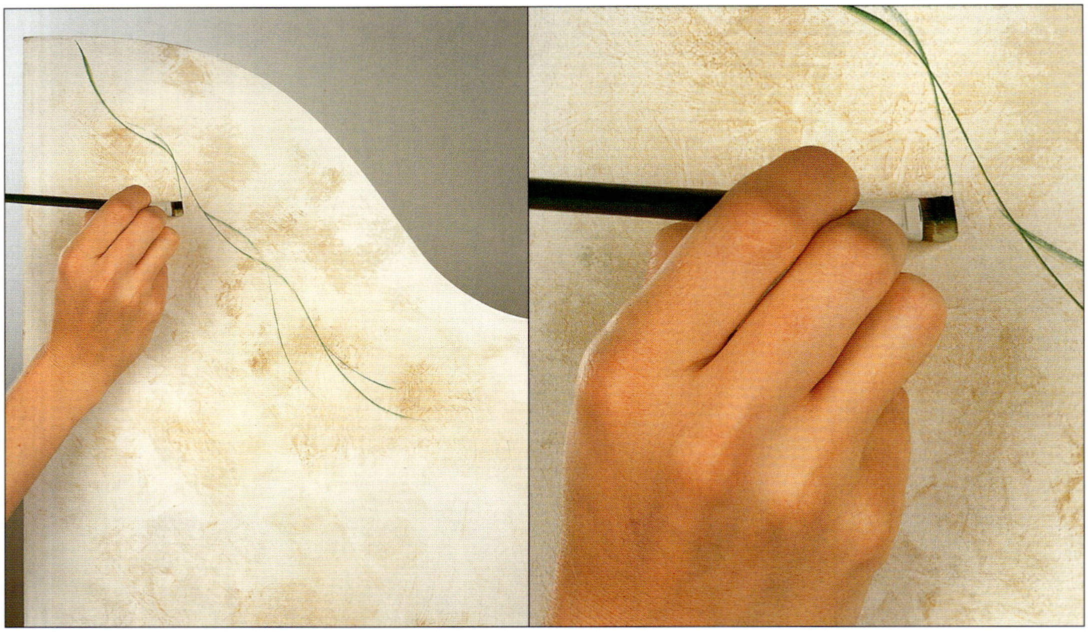

2 Double-load the size 12 flat brush with basil green and green forest and, working on the chisel edge of the brush, paint the vines. Criss-cross the vines for a more natural look.

3 Double-load a size 12 brush with berry wine and wicker white. Working with the white to the inside, "wiggle" the brush to create the side petals of the fuchsia flower. Aim for a crinoline shape. Add three stamens with the chisel edge of the brush and then paint in the third, central petal.

4 Paint the seedpod at the top of the flower in the same colours by placing the brush on the chisel edge, with the white nearest the flower. Pivot the white and turn the berry wine to create a droplet shape. Add three pointed one-stroke petals, keeping the white uppermost. Add smaller one-stroke buds in the same colours.

5 Using the chisel edge of a size 12 brush, double-loaded with basil green and green forest, draw in the stalks. Add a calyx to each flower with a pivot stroke. Continue with large "wiggle" leaves and a few one-stroke leaves in the same colours. Paint smaller, one-stroke leaves in Inca gold in the spaces between the leaves. Add a few more leaves in gold reflecting medium to create shadow leaves that recede into the background.

6 To paint the hummingbird, double-load a size 12 brush with forest green and wicker white and paint the upper part of the head with a pivot stroke, with the green to the outside. Continue with the upper body, which is shaped like a long one-stroke leaf.

7 Double-load the same brush with berry wine and wicker white. Paint the lower body and head in the same way, keeping the white to the inside.

8 Add the back wing with a double-load of forest green and wicker white in the shape of a one-stroke leaf, keeping the green uppermost. Then add the front wing in the same way. Using the chisel edge of the same brush, and small extended comma strokes, add the wing and tail feathers, in the same colours, leading with the white.

9 Paint in the eye using the liner brush and licorice. Paint a few fine lines above and below the eye and allow to dry. Add a white highlight to the eye using the liner brush. Add a few tendrils to the foliage using the liner brush and forest green, watered down to an inky consistency. Allow to dry before spraying with acrylic spray sealer.

Templates

To use any of the templates as they were used in the projects, you will need to enlarge the designs by the percentages given. The simplest way is to use a photocopier. If you wish to paint any of the designs on your own items you will need to photocopy to the size required.

Rosebud Platter
(page 32)
photocopy to 103%

Daisy Chair
(page 22)
photocopy to 110%

Berries and Blossom Mirror
(page 18)
photocopy to 100%

Ivy Kitchen Shelf

(page 26)

photocopy to 117%

Key Holder

(page 36)

photocopy to 110%

Rose Lamp
(page 46)
photocopy to 165%

Honeysuckle and
Blossom Tray
(page 54)

To fit a tray of any size extend lines outwards from the points arrowed

Pansy Placemat and Coaster (page 70)

photocopy to 109%

Tulip Watering Can (page 40)

photocopy to 116%

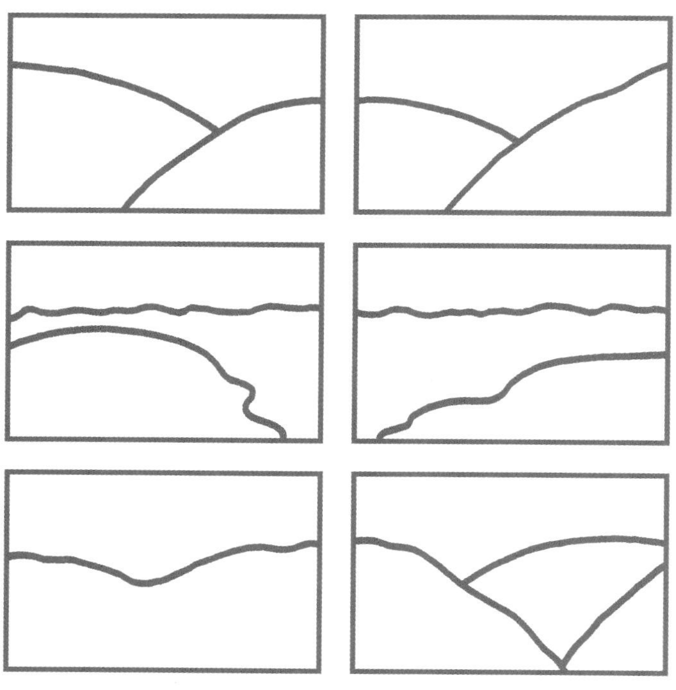

Country Chest (page 58)

For a draw width of 17cm photocopy at 200% then photocopy the resulting photocopy again by 200%

Suppliers and Useful Addresses

UK

The Biskit Tin
6 Regent Buildings
York Road, Acomb
York, YO26 4LT
Tel: 01904 787799
www.thebiskittin.co.uk
Craft and painting supplies

The British Association of Decorative and Folk Arts
c/o 153 High Street
Irthlingborough
Northants NN9 5PU
Tel: 07889 496001
www.badfa.net
Decorative painting association

DecoArt
STEP Business Centre
Wortley Road, Deepcar
Sheffield S36 2UH
Tel: 0114 290 3619
www.carolsykes.co.uk
DecoArt products and courses

Harvey Baker Design Ltd
Unit 1, Rodgers Ind. Estate
Yalberton Road, Paignton
Devon TQ4 7QG
Tel/Fax: 01803 521515
www.harvey-baker-design.co.uk
Suppliers of MDF blanks and galvanised ware

Hobbycraft
Unit 3 Westway Cross
Shopping Centre
Greenford
Middlesex UB6 0UW
Tel: 020 8747 7500
Craft and painting supplies

Ikea
Tel: 020 8208 5600
www.ikea.com
Call the above number for store information

National Creative Workshops
The Manor House
St. Lawrence Road
Northwingfield
Derbyshire, S42 7HX
Tel: 01773 511288
Fax: 01773 511911
www.ukonestroke.com
Mail order One-stroke painting supplies and courses

Northern Brushstrokes Teachers Society
Tel: 01909 591808
www.brushstrokesteachers.co.uk
Information on classes throughout the north of England

Scumble Goosie
Lewiston Mill
Toadsmoor Road,
Brimscombe, Stroud
Gloucestershire GL5 2TB
Tel: 01453 731305
www.scumble-goosie.co.uk
Suppliers of ready-to-paint furniture and accessories

The Stencil House
Vernon Road, Basford
Nottingham NG6 0BX
Tel: 0115 900 3531
www.stencilhouse.co.uk
Wholesale and mail order DecoArt products, decorative stencils, MDF blanks, Loew Cornell and FM brushes

Vale Woodcraft
Tel: 01623 810 110
www.valewoodcraft.co.uk
Suppliers of MDF blanks for painting

USA

DecoArt Inc
Highway 150 & 27
Stanford, KY 40484
Tel: 606 365 3193
www.decoart.com
Products for decorative painting

Plaid Enterprises Inc
3225 Westech Drive
Norcross, GA 30092 3500
Tel: 678 291 8100
www.plaidonline.com
Painting books, supplies and kits

The Society of Decorative Painters
393 North McLean Boulevard
Wichita, KS 67203-5968
Tel: 316 269 9300
www.decorativepainters.org
Decorative painting association

Walnut Hollow
1409 State Road 23
Dodgeville, WI 53453
Tel: 1 800 950 5101
www.walnuthollow.com
Suppliers of unfinished wood products and accessories

SOUTH AFRICA

Artes
3 Aylesbury Street
Bellville 7530
Cape Town
Tel: 021 957 4525

Renaissance Art Shop
Shop 4, Ryneveld Plaza
Ryneveld Street
Stellenbosch, 7600
Cape Town
Tel: 021 886 5527

Art, Crafts and Hobbies
72 Hibernia Street
George, 6529
Tel: 044 874 1337
Retail and mail order

Bowker Arts and Crafts
52 4th Avenue
Newton Park, 6405
Port Elizabeth
Tel: 041 365 2487

Art Shop
140a Victoria Avenue
Benoni West, 1503
Johannesburg
Tel: 011 421 1030

Art, Stock and Barrel
Shop 44, Parklane Centre
12 Commercial Road
Pietermaritzburg, 3201
Tel: 033 342 1026

Shave Paint Centres
39 Old Main Road
Pinetown, 3610
Durban
Tel: 031 702 6315

Dulux Paint 'n Paper
75 Voortrekker Street
Bloemfontein, 9301
Tel: 051 430 3699

AUSTRALIA

Arts and Craft Centre
34 Mint Street
East Victoria Park
WA 6101
Tel: (08) 9361 4567

Websites:
www.dulux.com.au
www.wattyl.com.au
www.whiteknightpaints.com.au

NEW ZEALAND

Auckland Decorative Arts
591 Remuera Road
Upland Village
Auckland
Tel: 09 524 0936
Craft and decorative painting supplies

Studio Art Supplies
225 Parnell Road
Parnell, Auckland
Tel: 09 377 0302
Craft and decorative painting supplies

Resene Colour Shops and Resellers
www.resene.co.nz
Paint supplies

Spotlight Stores
Whangarei (09) 430 7220
Wairau Park (09) 444 0220
Henderson (09) 836 0888
Pamure (09) 527 0915
Manukau (09) 263 6760
Hamilton (07) 839 1793
Rotorua (07) 343 6901
New Plymouth (06) 757 3575
Hastings (06) 878 5223
Palmerston North (06) 357 6833
Porirua (04) 237 0650
Wellington (04) 472 5600
Christchurch (03) 377 6121
Dunedin (03) 477 1478
www.spotlight.net.nz
Wide range of craft and painting supplies

Visions and Dreams Ltd
Tel: 0800 427 238
Craft paints and stencils

Index